ビジネスメール 気持ちが伝わる！例文辞典

ナイスク 著

NPO法人日本サービスマナー協会 監修

Bunko!
今すぐ使える かんたん 文庫

技術評論社

はじめに

いま本書を手にされているみなさんは、日常生活でメールを使うことに慣れている方がほとんどだと思います。友人との約束や家族への連絡であれば、メールの書き方に気を配る必要はあまりないかもしれません。ですが、会社での仕事として取引先や上司にメールを送るときに、果たして正しい表現、適切な内容でメールを送ることができているでしょうか。

通常「メール」と呼ばれている通信手段は、正式には「電子メール」と言います。メール（ｍａｉｌ）は、英語で郵便物、手紙のこと。手紙を書くときは、文面を慎重に考えて、心をこめて書くはずです。そう考えると、電子メールを送るときも、手紙を書くときと同じように、慎重さや思いやりが必要であることがわかります。

またビジネスの現場では、慎重さや思いやりに加えて、独特のルールやマナーが必要になります。とはいえ、ルールやマナーに気をとられて慎重になり過ぎ、仕事が進まないのも問題です。決まりきった表現やあいさつ文は、本書を参考に、状況に応じた適切な表現を選んで活用しましょう。そうすれば、時間をかけず、なおかつ正しい表現でメールを作成することができます。そして、メール作成の経験を重ねることで、ルールやマナーの範囲内で、自分なりの表現ができるようになるはずです。

読者のみなさまが、素敵なメールを、サクサク作れるようになれれば幸いです。

二〇一四年三月吉日　ナイスク

ビジネスメールの構成を知ろう

ビジネスメールは、大きく前文、本文、末文に分けることができる。この構成を意識してメールの文章を考えるとよいだろう。

例文

株式会社技評
技術太郎様

ナイスク販売会社管理部の石川です。
大変お世話になっております。
お返事が遅くなりまして、申し訳ございません。

新商品「GH-901」、「GH-902」の販売スケジュールについて
お知らせいたします。
以下、少々長くなりますが、ご一読のほど、お願いいたします。 ❶

発売までのスケジュールは、以下のように予定しております。

1：工場へ納品　3月14日
2：見本　3月20日
3：商品説明会・内覧会　3月25日
4：店頭での販売開始　4月1日 ❷

以上、ご確認いただき、
ご不明な点がございましたら、
2月28日までにお知らせいただけると幸いです。
まずは、ご報告かたがたお願いまで。

なお、新商品の参考資料を添付しております。
あわせてご参照くださいませ。 ❸

TTTTTTTTTTTTTTTTTTTTTTTTTTTTTTTT
ナイスク販売会社
石川次郎
TEL：03-xxxx-xxxx/FAX：03-xxxx-xxxx
e-mail：ishikawa@xxxxx.co.jp
〒160-0004
新宿区四谷 x-xx-xx
TTTTTTTTTTTTTTTTTTTTTTTTTTTTTTTT ❹

ここがポイント!

前文、本文、末文に分けてメールを構成する

❶ **前文**（ぜんぶん）

「宛先」「送信者情報」「あいさつ文」「用件のまとめ」「ことわり」のうち、必要なものを組み合わせて構成する。本文に入る前の、いわば導入であるため、できるだけ簡潔な文章を心がけたい。

❷ **本文**（ほんぶん）

用件を書く。相手に確実に伝わり、かつ失礼にあたらない表現を使うことが大切だ。また、必要に応じて箇条書きにすることで情報を整理しよう。

❸ **末文**（まつぶん）

「あいさつ文」「返事の依頼」「用件のまとめ」「追記」のうち、必要なものを組み合わせて構成する。しめの言葉なので、前文同様簡潔に、くどくならないように注意しよう。

❹ **署名**（しょめい）

自分の名前や会社名、連絡先などをまとめたものを署名という。ビジネスメールでは、通常最後につけるのがルールになっている。

前文に書くべき内容を知ろう

前文には、このメールが誰から誰に宛てられた、何のためのメールであるかを知らせる要素が入る。

例文

株式会社技評
技術太郎様 ❶

ナイスク販売会社管理部の石川です。❷
大変お世話になっております。
お返事が遅くなりまして、申し訳ございません。❸

新商品「GH-901」、「GH-902」の販売スケジュールについて
お知らせいたします。❹
以下、少々長くなりますが、ご一読のほど、お願いいたします。❺

2月28日までにお知らせいただけると幸いです。
まずは、ご報告かたがたお願いまで。

なお、新商品の参考資料を添付しております。
あわせてご参照くださいませ。

TTTTTTTTTTTTTTTTTTTTTTTTTTTTTTTTT
ナイスク販売会社
石川次郎
TEL：03-xxxx-xxxx/FAX：03-xxxx-xxxx
e-mail：ishikawa@xxxxx.co.jp
〒160-0004
新宿区四谷 x-xx-xx
TTTTTTTTTTTTTTTTTTTTTTTTTTTTTTTTT

ここがポイント!

宛先と送信者を明確にして何のメールかを簡潔に伝える

❶ 宛先

メールの送り先となる相手の社名、部課名、名前などを書く。社名や部課名は忘れがちだが、親しくなるまでは加えたほうがよい。

❷ 送信者情報

自分の会社名、部署名、名前を書く。初めての相手に送る場合は、自分のことや、メールを送った経緯を簡潔に説明する「自己紹介文」を追加するとよい。

❸ あいさつ文

日頃の感謝や直近のできごとに対するあいさつを述べたり、ごぶさたを詫びたりする文章を書く。

❹ 用件のまとめ

何のためのメールであるかを端的に表すように、用件を端的にまとめて書いておくとよい。

❺ ことわり

長文のメールになる場合は、あらかじめ断っておく。

本文に書くべき内容を知ろう

本文には、このメールで伝えたい用件を書く。送る相手や状況により、簡単な言い回しをする場合と、丁寧な表現を使う場合がある。

例文

株式会社技評
技術太郎様

ナイスク販売会社管理部の石川です。

発売までのスケジュールは、以下のように予定しております。
1：工場へ納品 3月14日
2：見本 3月20日
3：商品説明会・内覧会 3月25日
4：店頭での販売開始 4月1日

案内

3月14日の工場への納品が迫ってまいりました。
つきましては、制作のスケジュールが若干遅れておりますので、
再度、関係者とご調整の上、
納期厳守で進めていただけますよう、お願いいたします。

催促

TTTTTTTTTTTTTTTTTTTTTTTTTTTTTTTTTTT
ナイスク販売会社
石川次郎
TEL：03-xxxx-xxxx/FAX：03-xxxx-xxxx
e-mail：ishikawa@xxxxx.co.jp
〒160-0004
新宿区四谷 x-xx-xx
TTTTTTTTTTTTTTTTTTTTTTTTTTTTTTTTTTT

ここがポイント!

相手に確実に伝わる表現で簡潔にわかりやすく

右の例文は、「案内」と「催促」を兼ねたもの。本文の内容は、以下のような各要素の組み合わせで構成することができる。

「心情・思いを表す」　（第２章）

感謝、詫び、祝福、見舞い、説明／弁明、決意表明

「依頼・承認・お願い」　（第３章）

依頼、問合せ、了解、恐縮、断り、**催促**、抗議

「通知・お知らせ」　（第４章）

通覧、受領、通知、開店、閉店／廃業、退／転職、異動、移転、採／不採用、**案内**

末文に書くべき内容を知ろう

末文には、メールをしめくくる内容を書く。本文をまとめた内容や追記がこの部分に入る。前文同様に簡潔に、くどくならないようにする。

例文

株式会社技評
技術太郎様

ナイスク販売会社管理部の石川です。

３月 14 日の工場への納品が迫ってまいりました。
つきましては、制作のスケジュールが若干遅れておりますので、
再度、関係者とご調整の上、
納期厳守で進めていただけますよう、お願いいたします。

以上、ご確認いただき、
ご不明な点がございましたら、 ❶
２月 28 日までにお知らせいただけると幸いです。 ❷
まずは、ご報告かたがたお願いまで。 ❸

なお、新商品の参考資料を添付しております。
あわせてご参照くださいませ。 ❹

TTTTTTTTTTTTTTTTTTTTTTTTTTTTTTTTT
ナイスク販売会社
石川次郎
TEL：03-xxxx-xxxx/FAX：03-xxxx-xxxx
e-mail：ishikawa@xxxxx.co.jp
〒 160-0004
新宿区四谷 x-xx-xx
TTTTTTTTTTTTTTTTTTTTTTTTTTTTTTTTT

ここがポイント!

大事な用件は本文の用件を再度まとめて念を押す

❶ あいさつ文

具体的な内容を含まない「お願いします」や、再度連絡する旨を伝えるあいさつ文を書く。

❷ 返事の依頼

返事が必要な場合は、その旨を書く。

❸ 用件のまとめ

末文でも、改めて本文の内容をまとめておく。

❹ 追記

本文の内容とは別に、付け加えることがあれば、末文に書く。

Contents 目次

第1章 これが常識！ ビジネスメールの基本を知ろう 21

第2章 心情・思いを表す文例集 73

第3章 依頼・承認・お願いを表す文例集 123

第4章 通知・お知らせを表す文例集 177

第5章 実践しよう！ メール全文文例集 221

第6章 これで差がつく！ メールの効率UP術 233

◎免責

本書に記載された内容は、情報の提供のみを目的としています。したがって、本書を用いた運用は、必ずお客様自身の責任と判断によって行ってください。これらの情報の運用の結果について、技術評論社および著者はいかなる責任も負いません。

本書記載の情報は、2014年3月現在のものを掲載しています。ソフトウェアの画面など、ご利用時には変更されている場合があります。また、本書はOutlook 2010の画面で解説を行っています。その他のOutlookのバージョンでは、操作内容が異なる場合があります。

以上の注意事項をご承諾いただいた上で、本書をご利用願います。これらの注意事項をお読みいただかずに、お問い合わせいただいても、技術評論社および著者は対処しかねます。あらかじめ、ご承知おきください。

◎参考文献

『eメールのマナーと常識』ビジネスEメール普及協議会／誠文堂新光社
『今すぐ使えるかんたんOutlook2013』松田真理／技術評論社
『敬語は恐い』宇野義方／ごま書房
『さすが！ と言われる ビジネス敬語のルールとマナー』吉川香緒子 監修／高橋書店
『史上最強のビジネスメール表現辞典』ビジネス文書マナー研究会／ナツメ社
『しっかりとした敬語 表現 マナーですぐに書ける ビジネス文書の書き方』阿部紘久 監修／永岡書店
『しっかり役立つ 文書文例事典』日本語文書研究会／法研
『知識ゼロからのビジネス文書入門』弘兼憲史／幻冬舎
『超早引き！ ビジネス文書の書き方 文例500』日本語文書研究会 編／主婦と生活社
『できる！ ビジネス文書のつくり方が身につく本』永山嘉昭／高橋書店
『できる人のビジネスマナー』奥谷禮子 監修／ザ・アール教育事業部 著／亜紀書房
『はじめてのOutlook2010基本編』小原裕太／秀和システム
『早引き！ ビジネス文書の文例＋マナー事典』福島哲史 監修／成美堂出版
『ビジネス文書&メールの基本』鈴木真理子／すばる舎
『ビジネス文書文例事典』鈴木あつこ／新星出版社
『ビジネスメールの作法と新常識 会社では教えてくれない気くばりメール術』杉山美奈子／アスキー新書
『ビジネスメール ものの言い方辞典』シーズ／PHP文庫
『an・an』(2011年1月1日号、2012年3月29日号)マガジンハウス
『with』(2013年4月号)講談社
『CIRCUS』(2010年3月号、2012年5月号)KKベストセラーズ
『日経ビジネスAssocie』(2011年1月18日・2月1日合併号、2011年2月15日号、2011年3月1日号)日経BP社

第1章

これが常識！ビジネスメールの基本を知ろう

001

テキスト形式でメールを送る

設定

相手を選ばず、**送り先で正しくメールを開けるようにする**ための基本は、「テキスト形式」で送ることだ。例えば、凝ったメールを「HTML形式」で送っても、相手のメールソフトがHTML形式に対応していないとメールは開けないことがある。その点、テキスト形式は文字情報だけでできているので安心だ。

そもそも、さまざまな取引相手に送るビジネスメールにおいて、もっとも大切なことはなんだろうか？ 間違いなく、それは「どんな相手でも読めること」だ。極秘文書でもない限り、送る相手によって読めなくなってしまうのではメールの役目を果たせない。

せっかく送ったメールが開けなくて、送り直したり、結局、FAXなどで送ることになったりするのは、自分はもちろん相手にとっても時間の大きな損失だ。そのためには、**メールソフトの基本的な設定を、あらかじめ「テキスト形式」に設定しておく**ことが必要だ。

ここがポイント!

テキスト形式で作成すれば誰でも読める

1 「ファイル」メニューをクリックし❶、「オプション」をクリックする❷。

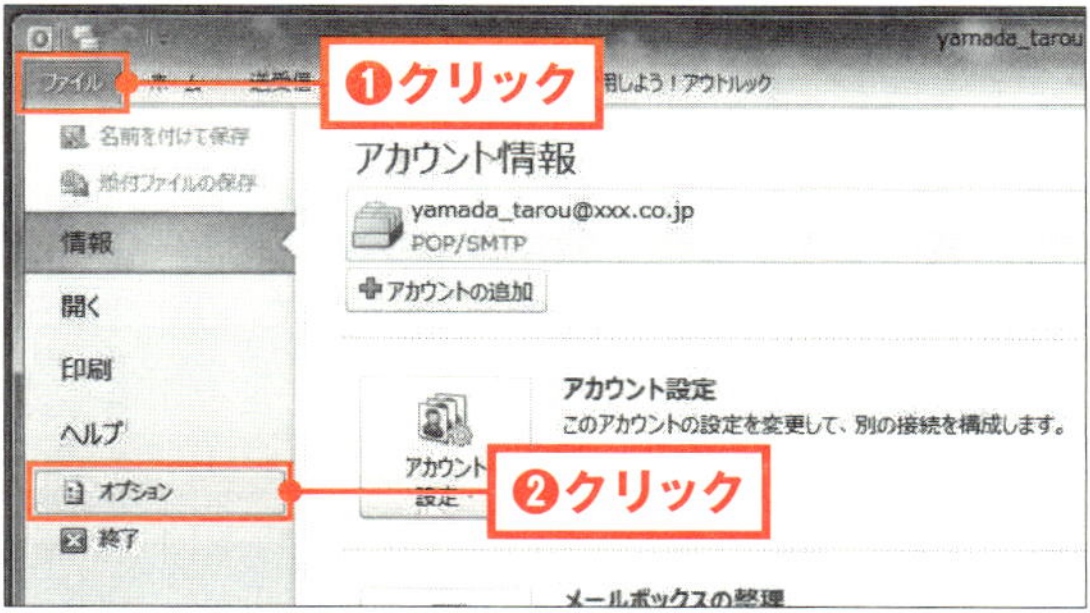

2 「Outlookのオプション」で「メール」をクリックし❶、「メッセージの作成」で「テキスト形式」を選択する❷。

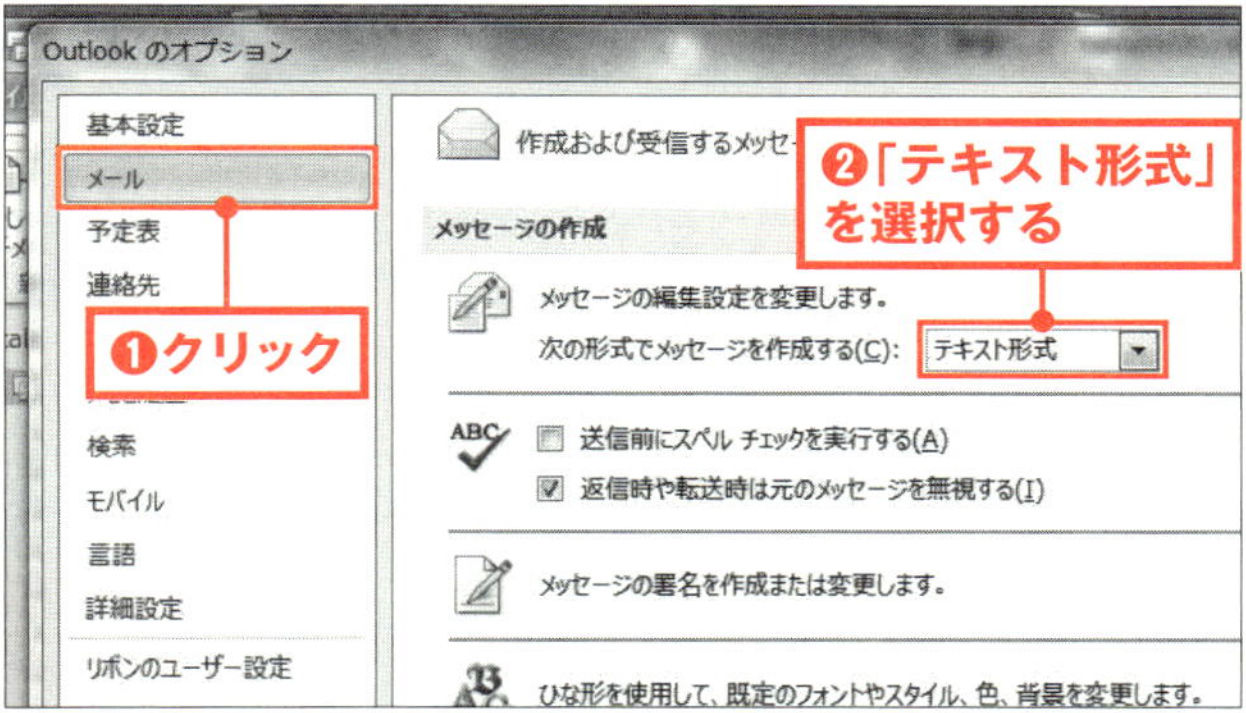

002

アドレス帳には「様」をつける

アドレス帳

手紙が送られてきたとき、宛名の自分の名前に敬称がつけられておらず、呼び捨てだったらどう思うだろうか？　当然ながら、あまりいい気はしない。これと同じような印象を、知らず知らずのうちにメールを通じて相手に与えているとしたらどうだろうか？

アドレス帳の項目の中で、登録した相手の名前を表示する欄などがあるが、ここで表示されている名前が、送った先でもそのまま表示されてしまう場合がある。呼び捨てで登録されていたら、当然呼び捨てになるし、万が一「○○課長（かなり口うるさい）」などと登録しようものなら、相手先のメールソフトで、そのまま表示されてしまうこともありうる。

余計なことを書いて相手を怒らせるのは論外だが、呼び捨ても避けたいところ。アドレス帳に相手の名前を登録するときには、**名前のいちばん後ろに「様」をつけておく**と、送り先でも「様」付になり、印象度アップになる。

ここがポイント！

「様」をつけて登録すると先方でも「様」付で表示

1 Outlookの「ホーム」タブで「アドレス帳」をクリックし❶、「ファイル」メニューから「エントリの作成」を選ぶ❷。「エントリの種類の選択」で「新しい連絡先」を選び、「OK」をクリックする。

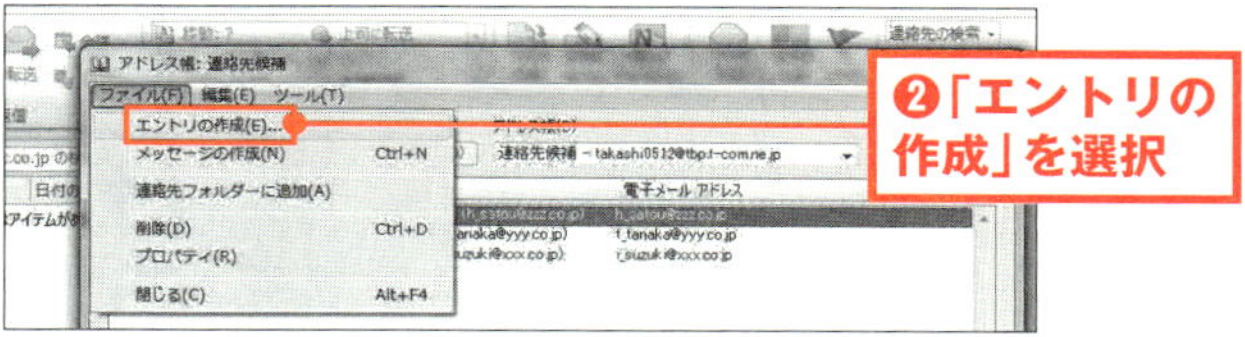

2 「性」欄には苗字を❶、「名」欄には名前と「半角スペース＋様」を入力する❷。すると、「表題」と「表示名」が「様」付になる。これで、相手先の「宛先」欄も「様」付になる。

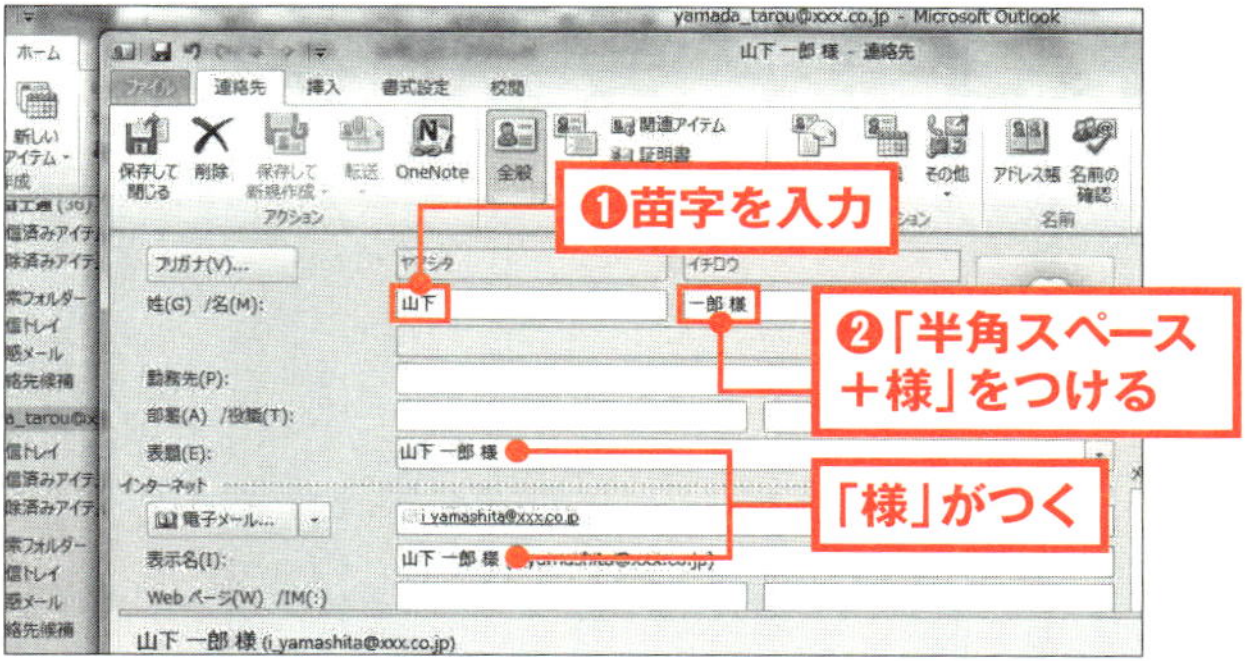

003

メールの最後には署名を必ずつける

署名

ビジネスメールには、**自分の名前や会社名、連絡先などをまとめた「署名」をつける**ことが慣例になっている。メールを受け取った側は、メールを読んで、電話をしようと思ったり、書類を郵送しようと思ったときに、わざわざ住所録等を開いたりしなくても、メールの署名を見るだけで、すぐに行動に移すことができる。送った側としても、相手の手を煩わせずにすむし、その分、**ビジネスチャンスも増える**といえる。

署名に入れる要素としては、一般的に、名前、会社名、部署名、住所、電話番号、FAX番号、メールアドレス、会社のホームページのURLなどを入れる。署名の上下には、本文と区切るための、シンプルな区切りケイなどを入れておくと見やすくなる。

あらかじめメールソフトで設定しておけば、メールを作成するたびに手入力しなくても、メールソフトの方で自動的に署名を挿入してくれる。

ここがポイント！ メールソフト上で設定して自動的に挿入する

1 Outlookで「ファイル」メニュー→「オプション」の順にクリックする。「メール」をクリックし❶、「署名」をクリックする❷。

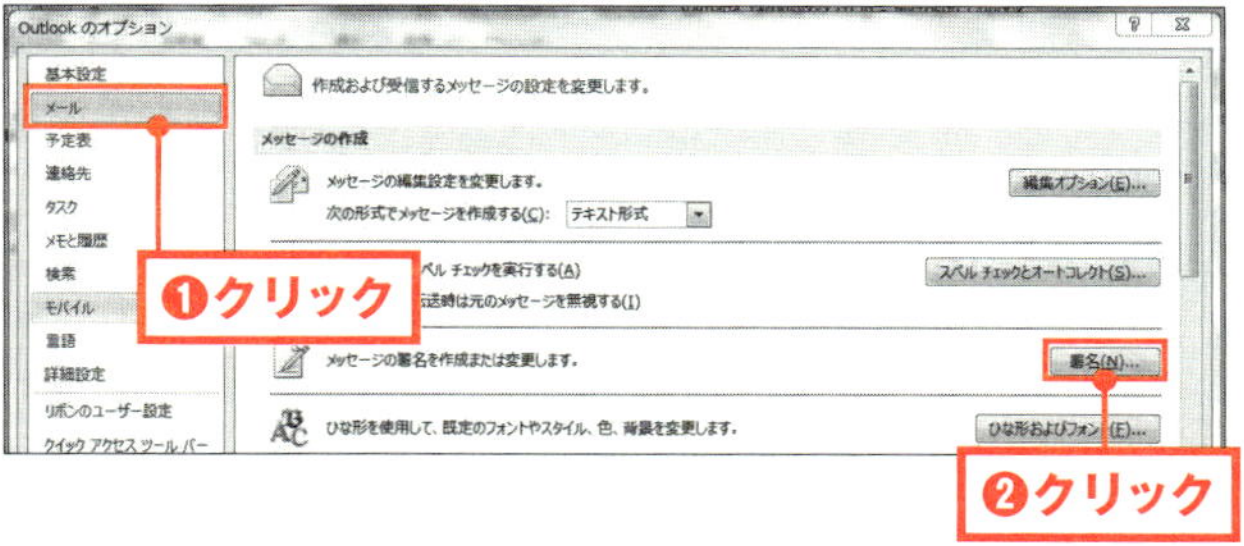

2 「署名とひな形」で「新規作成」をクリックする❶。「署名の名前」を入力して「OK」をクリックし❷、署名を入力する❸。「新しいメッセージ」と「返信／転送」で、❷で入力した名前を選択する❹。

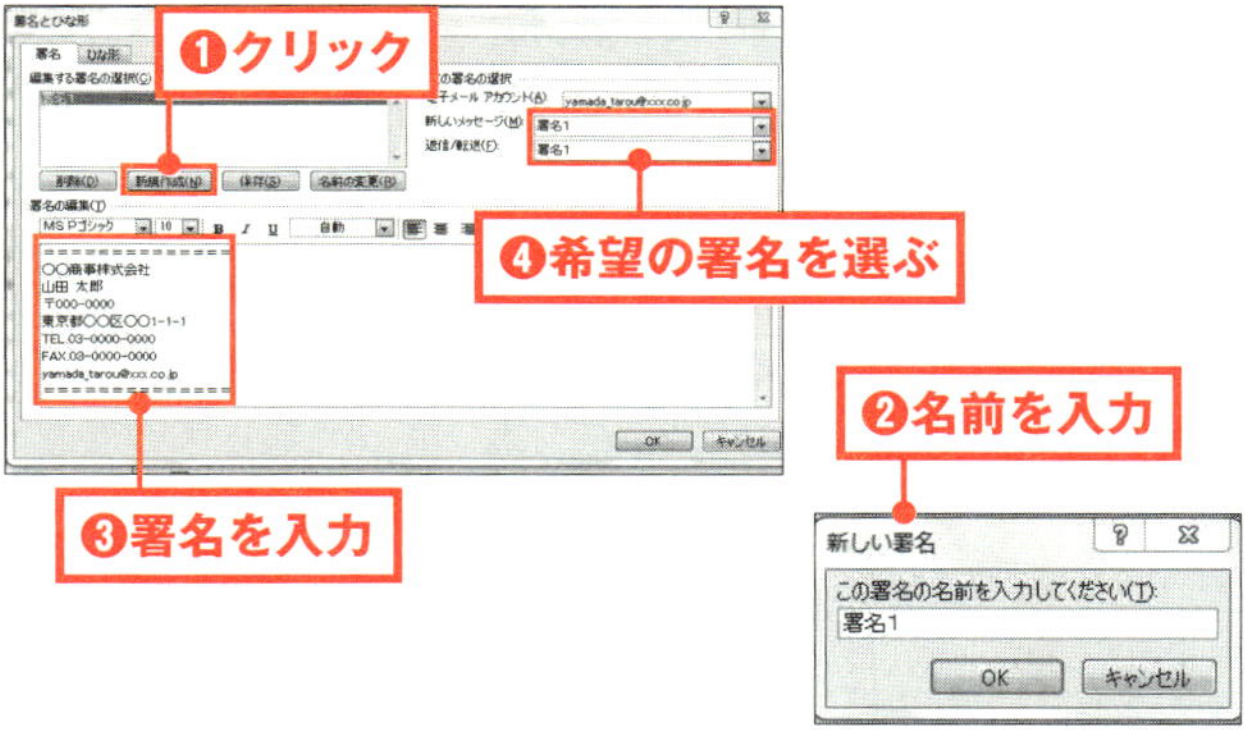

004

フラグをつけて忘れないようにする

フラグ

受信ボックスがいっぱいになると、どのメールが大事なのか、どのメールを今日やるべきなのか、よくわからなくなってくる。紙なら蛍光ペンを引いたり、付箋をつけたりしたいところだ。そのための便利な機能が「フラグ」だ。

これは、**重要なメッセージに旗（フラグ）のアイコンをつけるというもの**。フラグには、作業の期限を設定することができ、期限が近付くにつれフラグの色が濃くなる。期限は「今日」「明日」「今週」「来週」などから「開始日」「終了日」を日付で設定することもできる。さらに、重要なものにはアラームを設定することもできる。設定したフラグは、タスク画面で一括表示できる。

例えば、今日中に返信しなければならないもの、○日に作業を開始して○日には完成させて送信しなければならないものなどにフラグをつけることで、**作業の取りこぼしがないように、TO DOリストとして使う**ことができる。

ここがポイント！ 受信メールにフラグをつけて作業の期限設定をする

1 フラグを設定したいメールを選び❶、「フラグの設定」をクリックし❷、設定したい期限を選ぶ。ここでは「ユーザー設定」を選ぶ❸。

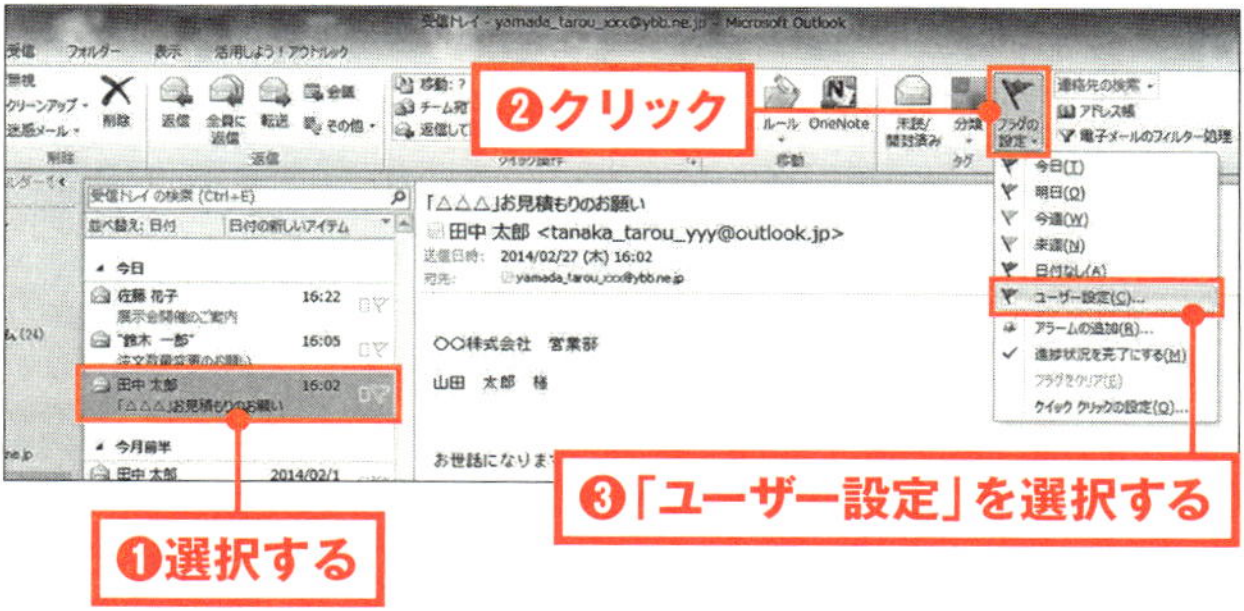

2 「開始日」❶、「期限」❷を設定する。必要があればアラームを設定する❸。「フラグの内容」は必要に応じて入力する❹。

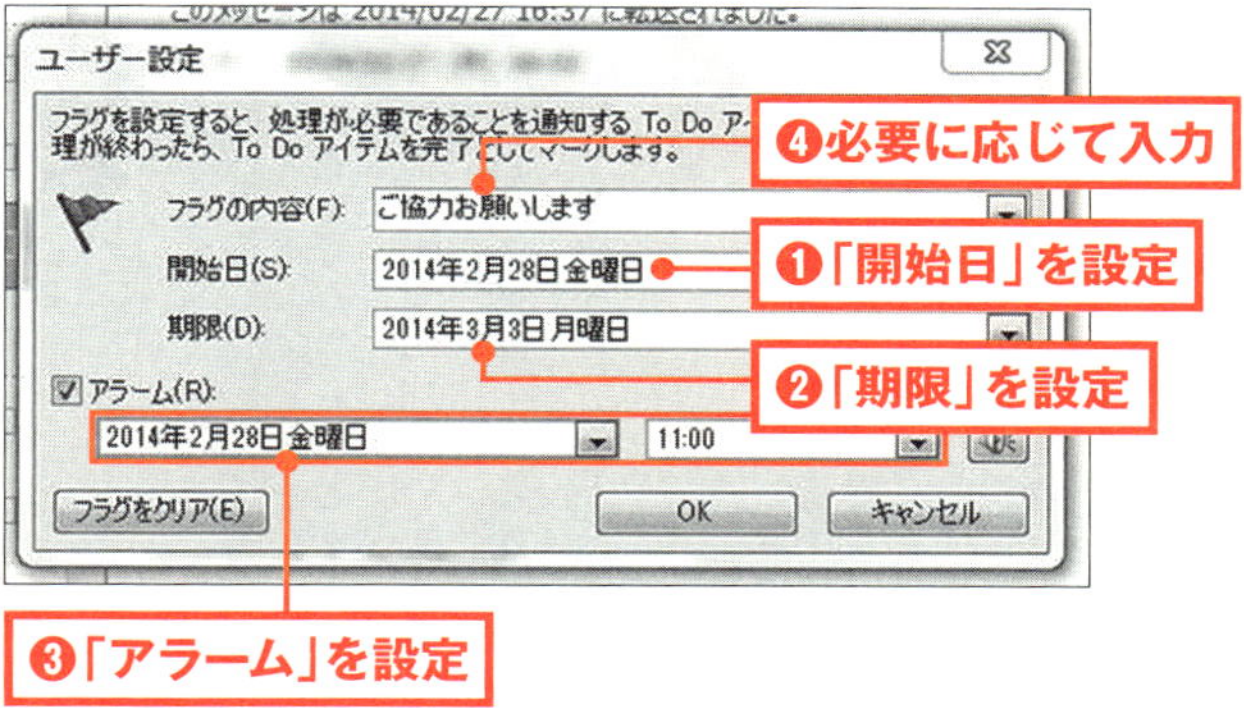

005 CCとBCCを使い分ける

同報

　同じメールを複数の人に送る場合、次の3種類の方法がある。

　1つめは「TO」(宛先)を使う方法だ。「TO」には、メールの直接の宛先である相手のアドレスを入力する。「;」で区切って複数のアドレスを入力することで、複数の人を宛先に指定できる。

　2つめは「CC(カーボンコピー)」を使う方法だ。**直接の宛先ではない別の人に、同じメールを送る**ことができる。ただし、「CC」欄に入れたアドレスは、メールの受信者全てが見ることができてしまう。「この人にも送っています」ということを報告する意味もあるが、断りもなく「CC」を使うと、相手を不快にさせる場合もある。

　3つめは「BCC(ブラインドカーボンコピー)」を使う方法だ。「BCC」欄に入れたアドレスは、「TO」や「CC」の人からは、見ることができない。**社外とのやりとりを、上司にも並行して見せておく必要がある場合**などに活用できる。

ここがポイント！ CCとBCCの違いを知って正しく使い分ける

1 Outlookの新規メッセージ画面では、送り先を表示する欄は、上から「TO」（「宛先」と表示）、「CC」、「BCC」が並ぶ。下図は、これら全てに送信先を設定している状態。

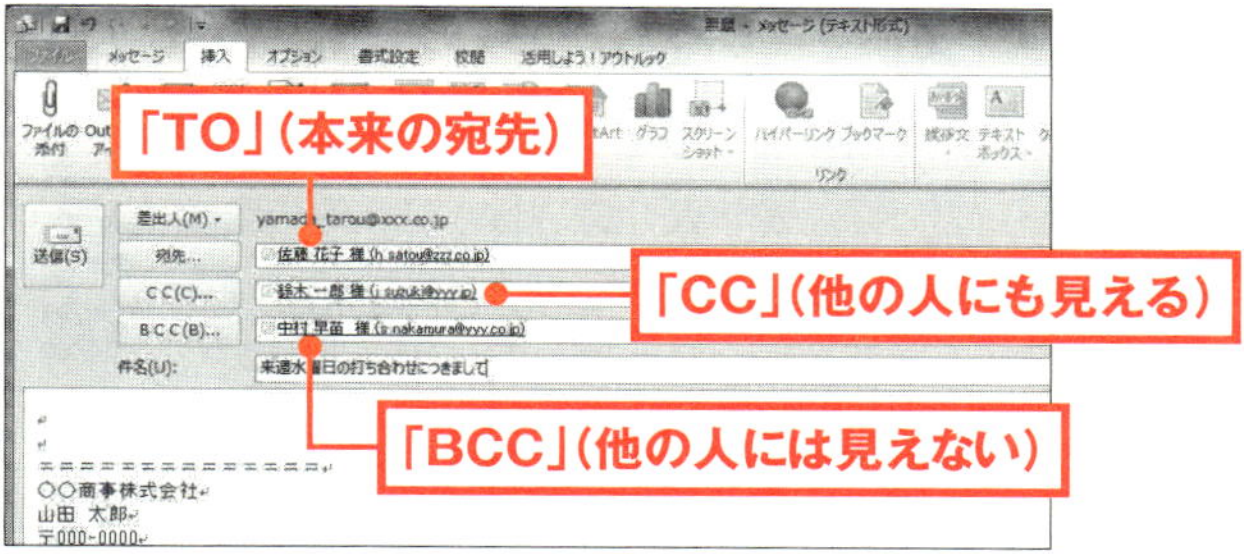

2 新規メッセージを作成したとき、初期状態では「BCC」は表示されていない。「オプション」をクリックし❶「BCC」をクリックすると❷、BCC欄が表示される。

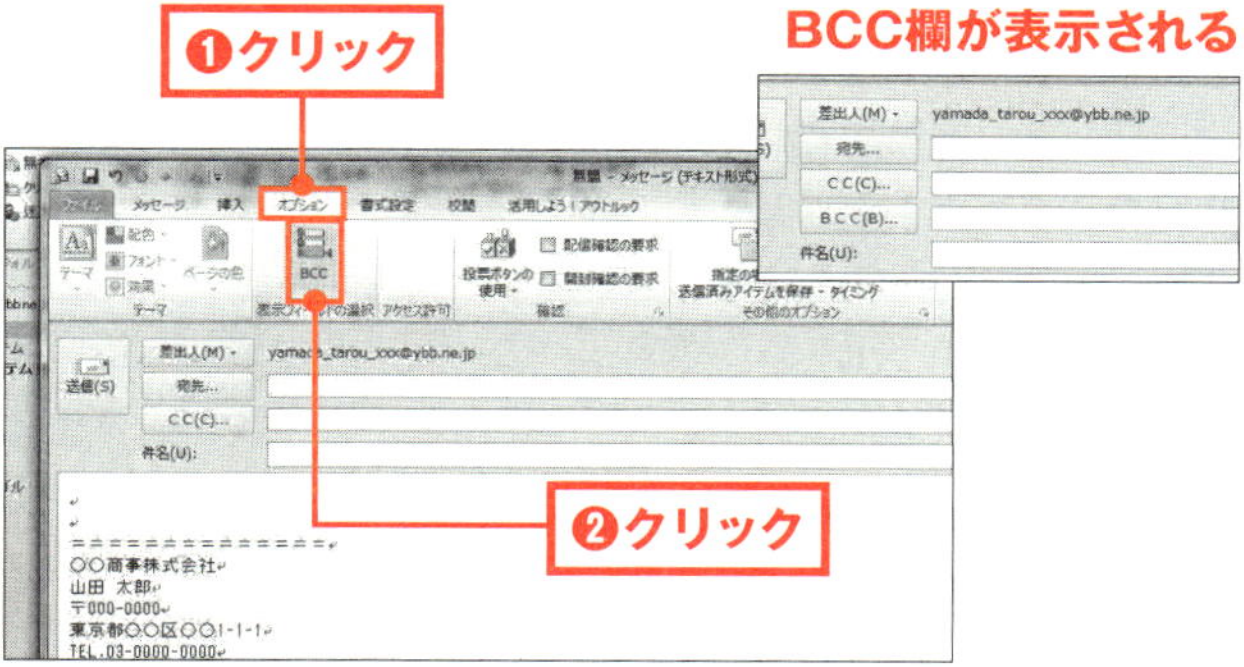

006

件名

件名には具体的な用件を書く

メールの作成においては、件名が非常に重要だ。受信トレイで、差出人の次に必ず表示されるのが件名だからだ。**件名は、本文の内容が推測できる文章であることが望まれる。**件名を見て大事なメールでないと判断されると、開かれないこともありうるからだ。例えば「お願い」という件名では、内容がよくわからない。これを「見積もり作成のお願い」とすれば、件名を見ただけで内容がよくわかる。

件名を考えるコツは、内容を絞り込むことだ。具体的な用件は何なのかを明確にしよう。そのとき、**数字や他と区別できるキーワードを入れる**とよい。例えば「4月15日の研修会について」などだ。

その上で、ダラダラと書かないように注意する。およそ20文字以内を目安と考えよう。また、簡潔な表現を意識するあまり、ぶっきらぼうな言い方にならないよう、配慮して書くようにしよう。

本文を書き終えたら、最後にもう一度、件名と照らし合わせて見てみよう。

ここがポイント！

件名には本文を推測できる内容を書く

1 数字を入れる

打ち合わせについて	→ 3月10日の打ち合わせについて
送り先について	→ 機関紙2000部の送り先について
ご案内先について	→ 講師お2人のご案内先について

「打ち合わせについて」だけでは、どの打ち合わせのことか特定できない。数字は、件名だけで中身を特定させるには都合のよい情報だ。

2 他と区別できるキーワードを入れる

取材について	→ 月山邸取材について
プレゼンについて	→ 丸山商事様プレゼン企画案について
お問い合わせ	→ インクタンクBSI-426Cの在庫について

具体的な内容が書かれていると、一目で要点が把握でき、どのメールを今開くべきなのかがわかる。また、後で読みなおすときにもすぐに見つけられる。

007 宛名には社名・部課名を加える

宛名

メール本文の一番上に送り先の宛名をつけるのは当たり前のことだ。しかし、特にメールの場合は自己流になることも多いので、正しい書き方を知っておこう。

まずは社名を書く。宛名に社名をつけていない人は意外と多いのではないだろうか？（株）（有）などの省略形も使ってはいけない。続いて部課名を書く。社名と同じ行かすぐ下の行に、スペースをあけて入力しよう。

相手に役職がある場合は、行を変えて書く。そして、**相手の名前＋様でしめる**。基本は手紙と同じだが、手紙と違うところは、親しい関係になってきたら「桜井様」のように、名字だけでも許される場合もあるという点だ（36ページ）。

個人ではなく会社や団体に対して送る場合、敬称は「御中」とする。また個人が特定できない場合は「ご担当者様」、大勢に送る場合は「関係者各位」などと書く。「関係者様各位」のように「様」をつけるのは間違いだ。

ここがポイント！

宛名には社名をつけるのが原則 会社や団体名は御中や各位とする

1 宛名に必要な条件

① 社名	・宛名の最初につける ・省略しない
② 部課	・社名と同じ行に入力
③ 役職	・役職がある場合は、名前の前につける
④ 名前	・名前 ＋ 様
⑤ 会社や団体に送る場合	・御中
⑥ 複数の宛先	・「関係者各位」「ご担当者各位」など

2 宛名の例

① 大和工業株式会社 ② 総務部人事課

③ 課長 ④ 桜井富雄 様

宛名

008 様・さま・さんを使い分ける

メールの場合、細かい連絡のために対話のようなやりとりを1日に何度も行うことがある。例えば急を要する場合などの、「これでどうですか?」「OKです」「わかりました」のようなやりとりだ。礼儀を守りつつも、気軽なコミュニケーションを行うことで先方との距離を縮める、よい機会でもある。**敬称を和らげる**ことで親近感を持ってくれることもある。

取引が始まって最初の頃は、丁寧に、社名、部課、役職、名前、様、という定石をきちんと守る。しかし、次第に、社名が省けて、名前+様だけでも通用するくらいの関係になってくる。そして、その次の段階で**相手が「さま」を使ったら、こちらも使ってもよい**かもしれない。「様」よりもややわらかい印象になる。「さん」は、ビジネスメールでは使わないほうが無難だろう。

とはいえ、相手との距離を読み間違えるとかえってマイナスになってしまうので、そこは慎重にしよう。

ここがポイント!

敬称を和らげると、親近感を持ってくれることもある

1 敬称と相手との距離

相手によっては、敬称を「様」→「さま」→「さん」と和らげていくことで、親近感を持ってくれることもある。円滑なコミュニケーションのための潤滑油にメールを活用できれば、それはそれでよし。

❶ 東海工業株式会社 営業部 中山 幹夫 様	取引を始めて間もない頃。きちんとしたビジネスメールの定石を守る。
❷ 中山 様	何度かやりとりをして、親しくなってきたら、会社名や下の名前を省略できることも。
❸ 中山 さま	ひらがなだと、やわらかい印象になる。顧客が使ってきたら、自分も使ってもよいかもしれない。
❹ 中山 さん	かなり親しくなってから。原則的には、宛名で「さん」は控えた方が無難だ。

009

読みやすいレイアウトを心がける

本文

長い文面のメールをもらって、うんざりしてしまうのは、誰もが経験したことがあるだろう。文字がぎっしりつまっていて、どこまでスクロールしても続いている。読むのがしんどいメールの典型だ。

読みやすいメールを作るにはいくつかコツがある。一度覚えてしまえば、それほど難しいことではないので、整理して頭に入れておくとよい。

もっとも重要なポイントは、**適度な改行と空白を作ること**だ。1行あたりの文字数は、**多くても30文字以内**とし、ほどよいところで**改行**する。

また細かいことだが、全行は**左揃え**とし、段落はじめのスペースはいらない。内容に関連のある文章のかたまりは最大でも5行くらいを目安にして、かたまりとかたまりの間は**1行あける**。そして、先方ができるだけスクロールせずに読めるくらいの分量に収める。目安としては、全体の行数が最大でも40行以内に収まるようにしよう。

ここがポイント！

改行を多く作ることとスクロールを少なくすること

1 メールの読みやすいレイアウト

○×株式会社 営業部
佐藤 花子 様

左揃え、行頭スペースなし

お世話になっております。
△△株式会社の山田でございます。

1行空ける

さて、先日は、東海株式会社の中山様をご紹介いただき、
誠にありがとうございました。
その後、中山様をお訪ねしましたところ、
新規取引にご快諾くださりました。
来週には、早速、お打合せ日を設定させていただきました。

多くても5行

おかげさまで、有力なお客様を得ることができました。
これも、ひとえに佐藤様のお力添えのおかげと、
心より感謝申し上げます。

1行は30文字以内で適度に改行

メールにて恐縮ではございますが、
まずは、用件のみにて、ご報告方々お礼申し上げます。

全体は40行以内に

010

メールの文章は結論から書く

本文

文章は何でもそうだが、わかりやすく書くことが大事だ。そしてわかりやすく書くとは、何を伝えたいかがはっきりしていることを意味する。

そのための基本として、第一に**結論から書く**ことを心がけたい。ビジネスでは、途中の経過はさておき、まずは結論が重要だ。知りたいのはまず結論であり、その間のプロセスはその次であることが多い。延々と説明が続き、最後に結論が出てくるのでは、うんざりしてしまう。**結論→経過→提言**という流れを意識したい。

第二に、**必要な要素は過不足なく入れる**ようにしたい。これを見極めるには、よく言われる**5W3H**が基本となる。

When「いつ」。Where「どこで」。Who「誰が」。What「何を」。Why「なぜ」。How「どのように」が、5W3Hだ。場合によっては、Whom「誰に」が入ることもある。書き終わってから、5W3Hに照らして最終チェックをしてみるとよいだろう。

ここがポイント！

わかりやすい文章のコツは結論から書くこと

1 結論から書く

❶結論→❷経過→❸提言

2 5W3Hを意識して書く

When（いつ）	実施日、期限、決済日、開催日、期間など
Where（どこで）	集合場所、待ち合わせ場所、会場の住所、届け先など
Who（誰が）	受信者名、発信者名、会社名、対象者名、招待者名など
What（何を）	内容（依頼内容、実施内容、申込み内容、連絡内容など）
Why（なぜ）	理由、目的、企画意図
How（どのように） How much（いくら） How many（どのくらい）	方針、状況、経緯など 見積もり、予算、経費など 発注数、必要量など

011 1センテンス1ミーニングで書く

本文

ビジネスメールにおいて、1つの文章は簡潔に書くことが大切だ。文章を簡潔にするためには、1つ1つの文章を短く区切るように心がけるとよい。

そのために意識したいのが、**1つの文章の中では、伝える事柄は1つに絞る**ということだ。これにより、主語と述語の関係がはっきりしてくる。流れで書いていると、いろいろなことを詰め込みすぎることになるので気をつけよう。

1センテンス1ミーニングを心がける上では、**接続詞で文章をつなげない**のがコツだ。例えば「弊社では、最新機器を導入していますが、現場においては…」とすると、1つの文章に2つ以上の事柄が入ってしまう。

また、文章を簡潔にするには、**余計な修飾語は省き、必要なことのみをシンプルに伝える**ようにするとよい。

書くことが多い場合は、**箇条書きにする**のもいい方法だ。要点を把握しやすくなるし、自分でもチェックしやすい。

ここがポイント！ 1つの文章で伝えることは1つに絞る

1 1センテンス1ミーニング

伝える事柄は1つに絞る。

2 接続詞で文章をつなげ過ぎない

よくない例 → **接続詞でつなげ過ぎている**

ご注文は○○のところ××が到着したと伺いまして、早速、調査いたしましたところ、発送係が伝票を読み違えてのものと判明し、大変申し訳なく、○○型は本日発送いたします。

よい例 → **1センテンス1ミーニングに区切っている**

ご注文は○○のところ××が到着したと伺いました。早速、調査いたしましたところ、発送係が伝票を間違えたものと判明しました。大変申し訳ございません。○○型は本日発送いたします。

3 余計な修飾語は省く

よくない例 → **修飾語が多い**

新製品は類まれなほど高性能で、消費電力がかつてないほど低く抑えられ、電気料金をこれまでになく節約できます。

よい例 → **修飾語が少ない**

新製品は高性能で、消費電力が抑えられ、電気料金を節約できます。

4 箇条書きにする

書くことが多い場合は箇条書きにする。

012

あいまいな表現は避ける

本文

ビジネスメールでは、あいまいな表現は避けなくてはならない。注文するのか、しないのか、頼んだことはやってもらえるのか、もらえないのか。はっきりしないまま進めてしまい、後で誤解が判明するトラブルは双方にとって痛手だ。

そのために、まずは**まわりくどい表現を避ける**。例えば「検討するということが必要かと思います。」これでは、検討してもらえるのかどうかわからない。「検討します」でよいだろう。

「在庫がないわけではありません。」のような**二重否定も、相手にわかりにくい**。これは「在庫はあります。」でよいだろう。

また、**複数の解釈ができる表現にも気をつけたい**。例えば「AはBのように最新式ではありません。」Bは最新式なのだろうか？　そうではないのだろうか？

そして、**私見と事実を混在させるのもわかりにくい**。私見は、はっきり区別させて書いておかないと、読む方は、事実と勘違いしてしまうこともある。

ここがポイント!

まわりくどい表現・複数の解釈ができる表現は避ける

1 まわりくどい表現は避ける

「迅速に行うことが必要です」→「迅速に行います」

「間に合わせることはできます」→「間に合わせます」

「変更するわけです」→「変更します」

2 二重否定を避ける

「できないわけではありません」→「できます」

「在庫がないわけではありません」→「在庫はあります」

3 複数の解釈ができる表現に注意

「課長と田中または私が参ります」→ 来るのは誰?

「AはBのようにお安くありません」→ Bは安いの?

「これらの全てが割引対象ではありません」
→ 割引対象じゃないのは全て? 一部?

4 私見と事実を混在させない

「景気は持ち直すとされ、それは、春頃だと考えられます」
→「景気は持ち直すとされています。私は、それは、春頃だと考えています。」

013

格式張ったあいさつ文は使わない

本文

書面で送るビジネス文書には、「拝啓　新緑の候　皆様にはご健勝のこととお喜び申し上げます。」などと、格式張ったあいさつ文を入れるのが通常だ。

しかし、ビジネスメールの文章では、ここまでの**格式張った挨拶は不要**だ。例えば、日に何本もやりとりする電話でいちいち季節のあいさつをするだろうか？それと同じで、一日に何度もやりとりするメールで格式張ったあいさつをするのは、お互いに時間のムダでしかない。

代わりに、ビジネスメールでは**「お世話になります。」「いつもお世話になっております。」といったかんたんな挨拶がスタンダードになっている**。状況に応じて「初めてのメールで失礼いたします。」などと使い分けるとよいだろう。

ただし、例えば顧客企業の重役など立場や責任のある方に初めてメールする場合などは、この限りではない。手紙の形式のような、きちんとした挨拶をしておいた方がよいだろう。

ここがポイント!

おおげさな挨拶はしない

1 メールでのあいさつの例

標準タイプ

「お世話になっております」
→ あいさつ文の常套句。普段やりとりのある相手なら、これで十分。

「いつも大変お世話になっております」
→「お世話になっております」だけでは、物足りない場合。

使い分けタイプ

「お疲れさまです」
→ 社内向けや同じプロジェクトの仲間など。

「初めてのメールで失礼いたします」
→「初めてご連絡いたします」よりも丁寧な言い方。

「度々失礼いたします」
→ 少し前に一度送ったが、書き漏れや追記があって、すぐに再送信する場合。

「おはようございます」
→ 相手が、このメールを朝に読むことが確実な場合。

014 一方的にならないよう注意する

本文

メール作成は、パソコンやタブレットなどの画面を見ながら作業する。このときに気をつけたいのが、送る相手を置き去りにしないことだ。話し言葉であればイントネーションがつけられるが、メールは字面だけしかない。相手の存在を忘れてしまうと、一方的で、ぶっきらぼうなメールになりがちだ。

例えば「ご確認ください。」と送られると、命令口調に見られてしまう。これは「ご確認いただけますか」と和らげる。**柔らかいクッションとなる表現をいろいろと使いこなす**ようにしたい。

また、一方的にならないためには、**相手が質問や要望する余地を設ける**とよい。「ご要望がありましたら遠慮なくおっしゃってください。」などというひと言で、だいぶ印象が変わるだろう。

相手が返事を書きやすくするためには、**選択肢を用意しておく**という方法もある。それにより、自分が可能な方向に相手を誘導することもできる。

ここがポイント！

質問の機会・選択肢を用意する

1 クッションとなるフレーズ

一方的に聞こえる		相手への配慮を感じる
ご確認ください。	→	ご確認いただければ幸いです。
いつでも結構です。	→	そちら様のご都合で差し支えありません。
そちらでお願いいたします。	→	御社でご検討いただけますでしょうか。

2 質問や要望の機会を設ける

何かご不明な点やご要望などありましたら、
遠慮なくお申し付けください。
まだ未確定な部分もあり、ご要望は、
極力、反映させていただきます。
よろしくお願いいたします。

3 選択肢を設ける

「4日から10日の間で、**ご都合の悪い日**がありましたらおっしゃってください。」

「洋画と邦画でしたら**どちらがお好み**ですか？」

「**何曜日がご希望ですか？** 私は月曜日以外でしたら対応が可能です。」

015

マナー

顔文字はOKか？

メールは手紙よりも手軽にやりとりできるため、公私の区別がわからなくなることもあるかもしれない。とはいえ、ビジネスであることには変わらないので、やはり線引きは必要だ。

例えば**顔文字は、基本的にはビジネスでは使わない**。なぜかというと、仮に親しい相手だったとしても、メールの文面を相手方の上司に見せたり、会議で参照されたりすることもあり得るからだ。ただし、相手との関係次第ではコミュニケーション上うまくいくこともある。要は見極めが肝心ということだ。

なお、デコメールは、相手のパソコンでの読み込みが重くなるという理由からもNGだ。携帯ノリで打つのもNG。携帯からメールを入力するときは「携帯電話から失礼します」とひと言入れよう。

また、会社のパソコンから、プライベートのメールを送る必要があるのなら、フリーの私用アドレスなどを取得して、それを使うようにしよう。

ここがポイント！

顔文字は基本NGだが、コミュニケーションに役立つこともある

1 ビジネスメールで使ってもOK？

顔文字^_^	基本NG	上司や会議で見られることがあるため。相手との関係で許される場合もある。
！や？	基本NG	上司や会議で見られることがあるため。相手との関係で許される場合もある。
色文字	NG	HTML形式なのでNG。（22ページ）
デコメール	NG	HTML形式なのでNG。（22ページ）
携帯メールのようなタイトル	NG	件名で「明日の」、本文で「会議は」など、携帯ノリのタイトルのつけ方や、タイトル無しなどは失礼にあたる。
携帯からのメール	OK	できれば避けたいが、ひと言断ればOK。
私用メール	会社のアドレスではNG	やむを得ない場合は、フリーの私用アドレスなどを取得して使用する。

016

機種依存文字は使わない

マナー

受信したメールの文中に謎のマークが表示されて、「?・」と思うことがあるだろう。俗にいう「文字化け」だ。反対に自分のメールが相手のパソコンで文字化けすることもあるので気をつけよう。

文字化けは「機種依存文字」を使うことで起きる。例えば、自分がウィンドウズを使っているとして、ウィンドウズでは読めるけれど、マックでは読めない文字をメールで送ると、マックで開いたときに文字化けが発生する。

機種依存文字は、記号に多い。例えば、丸数字の①②③やローマ数字のⅠⅡⅢなどがそうだ。①②③の代わりに（1）（2）（3）としよう。ローマ数字にしたければアルファベットのI、V、Xを組み合わせて作る。その他、例えば㈱や㎝、㎏なども よく文字化けする文字だ。カッコと漢字で（株）としたり、アルファベットの小文字でcm、kgなどとしよう。半角のカタカナも文字化けすることがあるので使用は避けよう。

ここがポイント！

丸数字・ローマ数字・半角カタカナなどは使わない

1 主な機種依存文字

丸数字	①②③④⑤⑥⑦⑧⑨ など
ローマ数字	ⅠⅡⅢⅣⅤⅥⅦⅧⅨ など
記号	㈱、㈲、㈪、㈫、㎜、㎝、㎡、㎏、ℓ、㍑、㌔、㌫、㍻、㍼、℡、〶 など
半角カタカナ	ｱｲｳｴｵｶｷｸｹｺｻｼｽｾｿ など

2 機種依存文字の見分け方

変換するときに、以下のように「環境依存文字」と表示される。

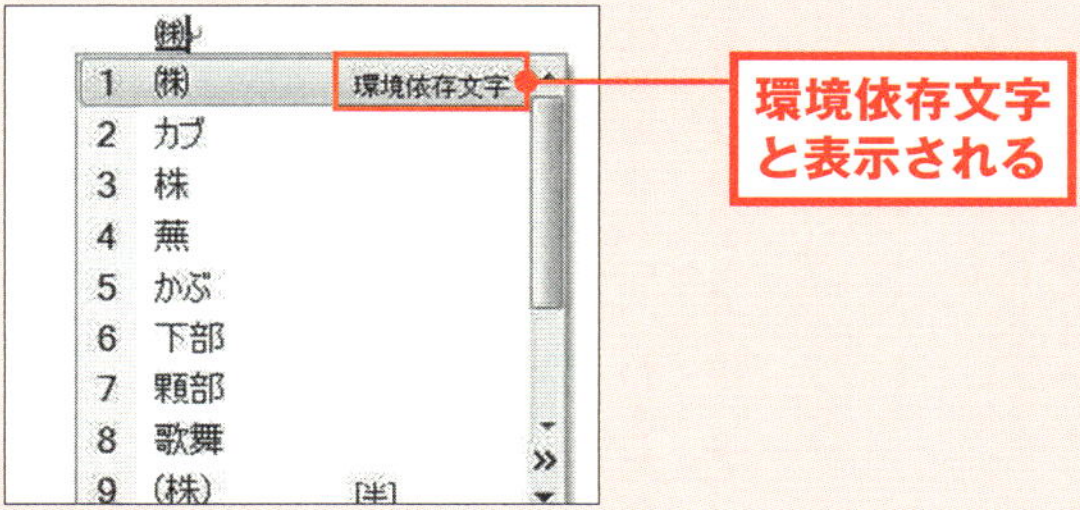

017

マナー

開封確認設定は使わない

「開封確認設定」とは、自分が送ったメールを相手が開いたかどうかを教えてくれる、メールソフトの機能だ。

一見便利なように思うが、こちらがメールを送ると、先方のパソコンでは「○○（送信者）はメッセージ〝××〟の開封メッセージを要求しています。確認メッセージを送信しますか？」というメッセージが表示され、先方が「はい」をクリックすると、**開封確認のメッセージ**が送られる仕組みになっている。

以前は、便利に思って使う人がいたが、現在では、**ビジネスで使うのは失礼にあたる**として使われない。

理由としては、届いたメールを開くのはビジネスでは常識なので、**わざわざ送信者が確認するのは相手を信頼していないことになり**、失礼になる。また、相手の手を煩わせるし、相手としては、何か自分の行動を見張られているようでいい気はしない。そういった理由から、今はビジネスでは使われていないのだ。

ここがポイント！ 相手に対して失礼になるので ビジネスでは使わない

1 開封確認設定つきでメールを送ると、受信した相手には、下のようなメッセージが表示される。受信者が「はい」をクリックすると❶、開封確認のメッセージが送信者に送られる。

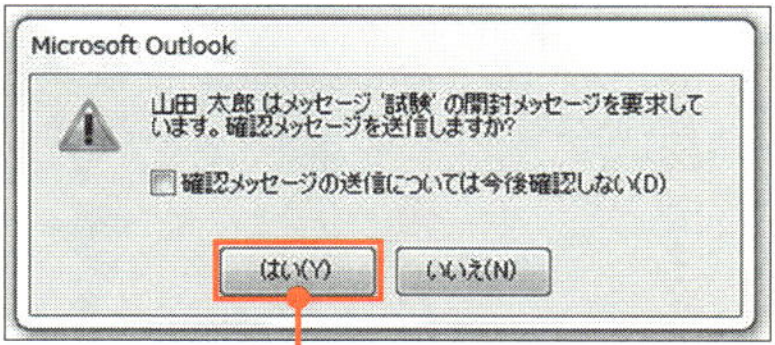

❶受信者がクリックすると、開封確認メッセージが送信者に送られる

2 開封確認設定を設定／解除する場所は「ファイル」メニューの「オプション」ウィンドウで「メール」を選び、下にスクロールした「確認」の中にある。設定を解除する場合は、「すべての送信メッセージに対して、以下の確認メッセージを要求する」の2つのチェックボックスを外す❶。

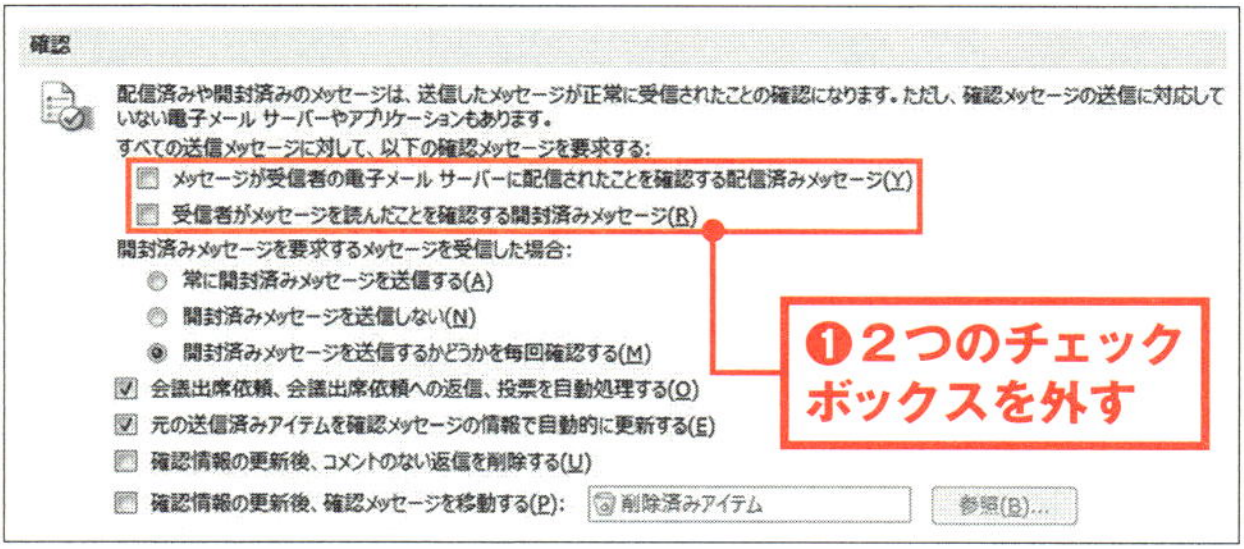

018

敬語のマナーをおさえておく

マナー

ビジネスメールで敬語を使う際のポイントは、大きく2つある。**①過剰な敬語は使わない**。そして、当然ながら、**②正しい敬語を使う**。この2点だ。

①のポイントは、**二重敬語に注意する**ことだ。敬語を重ねないように気をつける。「課長がおっしゃられる通りでした。」とすると「おっしゃる」+「られる」という2つの敬語がついて過剰な表現になる。「ご丁寧なご案内状をいただき」も、「ご」が重なってくどい。1つのフレーズや文に入る敬語は1語程度にしよう。

②は、そもそも正しい敬語の使い方を知らなければならない。敬語の使い方で特に難しいのは、尊敬語と謙譲語の使い分けだ。**尊敬語は相手を高める言い方、謙譲語は自分がへりくだる言い方**だ。高めるべき相手方に対して謙譲語を使ってしまう間違いが意外と多いので気をつけたい。例えば「させていただく」の誤用は、多く見受けられる。間違った敬語を使わないように気をつけよう。

ここがポイント！

過剰な敬語は使わない 正しい敬語を選んで使う

1 二重敬語に注意

二重敬語の例		正しい書き方
お読みになられる。	→	お読みになる。
佐藤様はお帰りになられました。	→	お帰りになりました。
ご拝読いたしました。	→	拝読しました。
お待たせ申し上げました。	→	お待たせしました。

2 尊敬語と謙譲語

尊敬語…相手を高める表現
謙譲語…自分がへりくだる表現

謙譲語の誤用		正しい書き方
部長が申されたように	→	部長がおっしゃったように
弊社までお参りください。	→	弊社までお越しください。
弊社の窓口に伺ってください。	→	弊社の窓口にお尋ねください。

3 「させていただく」の誤用

後ほど、お送りさせていただきます。
→ 後ほど、お送りいたします。

「させていただく」は、先方から恩恵を受けたり、許可を得たりする場合に使う謙譲表現。特に許可を受ける必要のない場面では「いたします」でよいのだ。

019

添付ファイルは2MBまでにする

マナー

添付ファイル付きのメールを送信したのに、相手にメールが届かない、という経験はないだろうか？ それは、ひょっとしたら、**添付ファイルの容量**が大きすぎたせいかもしれない。

添付ファイルの容量が大きすぎると、相手のサーバーにはじかれてしまうことがある。一般的には、添付ファイルは2MBまでというのがマナーだ。

どうしても**2MBより大きくなるときは、分割して送るか、ファイル転送サービスを利用する**とよい。これは、インターネット上の大容量サーバーにデータをアップロードして、そのURLを相手に送り、相手はそこからダウンロードするというサービスだ。

データをメールに添付する場合は、相手がファイルを見落とさないよう、タイトルか本文の目立つところに、**ファイル名とファイル数を書いておく**といい。ファイル名には日付や連番をつけると、どれが最新か見分けやすくなる。

ここがポイント!

分割して送るか ファイル転送サービスを使う

1 添付ファイルのマナー

容量	2MBまで
容量が大きいとき	・分割して送る ・ファイル転送サービスを利用
添付ファイルがあることを明記	以下に明記する ・タイトル ・本文の目立つところ
本文における添付ファイル明記の例	〈添付ファイル(以下2点)〉 1. 結果報告20140109 2. 参加者氏名2

2 代表的なファイル転送サービス

- **宅ふぁいる便**
  http://www.filesend.to/

- **GigaFile(ギガファイル)便**
  http://www.gigafile.nu/

- **firestorage**
  http://firestorage.jp/

020 メールをもらったら届いたことを相手に伝える

マナー

「忙しくて返信できない！」。業務中にメールを受信して、こういう状況はよくある。だが先方は、返信はまだかと首を長くして待っているかもしれない。こんなときは、どうすればよいだろうか。

一般的に、**もらったメールに対する返信の期限は24時間**だといわれる。企業のお客様相談窓口の目安が24時間だということが背景になっている。メールの返信は24時間以内に欲しいと考えている人が8割以上という実態調査※もある。

どうしてもすぐに返せない場合は、**受け取ったことを相手に伝えるメールを送ろう**。受け取って内容を確認したことを伝え「ご依頼の件、○日までにお返事いたします。」などとして、「取り急ぎ、ご用件のみにて失礼します。」といった形でしめる。また、メールが届いていることに気づかずに、返事を遅らせることがないよう、メールは定期的にチェックするくせをつけよう。最低でも1日2～3回は、確かめるようにしたい。

ここが
ポイント！

すぐに返信できないときは受け取り確認メールを送る

1 メール返信とチェックの常識

・メール返信の期限　24時間以内
・メールチェックの頻度　最低1日2～3回

2 受け取り確認メールの例

△△株式会社
太田 仁美 様

いつもお世話になっております。
××の石川です。

メールを拝受し、内容を確認いたしました。
ご依頼の件は、14日(木)に改めてご連絡いたします。

取り急ぎ、ご用件のみにて失礼いたします。

※アイ・コミュニケーション『ビジネスメール実態調査2011』

021

返信のマナーをおさえておく

マナー

届いたメールに返信する際、マナー上迷うことは結構ある。例えば件名だ。「Re: ○○○」はそのまま送ってもよいのだろうか？　これは、基本的にはそのまま送ってOKだ。なぜなら、何の件に対する返事なのかが一目瞭然だからだ。

ただし、例外もある。例えば、**件名に先方の名前が敬称なく入っていたら、敬称をつけた方がよい**だろう。ただし、先方がスレッド機能で、メールを件名で管理している場合は、件名を変えると先方が困るので変えない。

引用のマナーはどうだろうか。引用には全文を引用する「全部引用」と、必要な部分のみ抜き取る「部分引用」がある。**全部引用は、往復を繰り返すうちに延々と長くなるので、2往復まで**、というのがひとつの目安としてある。**部分引用は、相手に見やすいメールを送れるので推奨できる**。なお引用する際に相手の文章に手を加えることはマナー違反になるので注意しよう。

ここがポイント！

「Re:」はそのまま返信が基本 全部・部分引用は使い分ける

1 「Re:○○○」を書き換えてよいとき

・件名に相手の名前が敬称なく入っているとき
　→ 敬称をつけて返信する
・こちらの返信で話題が切り替わるとき
　→ 切り替わった内容がわかりやすい件名に変更する

例文

先方の件名	返信の件名
「24日会議について」	「24日会議について←テーマについてご提案」
「新商品購入ご希望について」	「新商品購入希望いたします」

2 全部引用と部分引用

	全部引用	部分引用
概要	メールソフトに設定しておくと自動的に全文引用する。	全部引用から必要な部分のみを抜き取って引用する。
用途・特記	履歴を残しておきたいときや、時間が経ってから参照する必要があるとき。 2往復までが目安。	相手の質問を引用して、それに対する返答を書いたりする。見やすい返信メールを作れる。引用部分に手を加えてはいけない。

022

転送メールには補足文をつける

マナー

メールの転送機能は便利だが、勝手に第三者に転送するのは違法になるということを知っているだろうか? なぜなら、メールにも知的財産があるからだ。勝手に転送することは、送信元との信頼関係を損ないかねない。転送するときは、**送信元に転送する目的を伝え、許可を得る**ようにしよう。また、転送メールの内容を勝手に書き換えてはならない。

また、転送メールの送り先にも配慮が必要だ。いきなり転送メールが送られてきても、わけがわからない。転送するときは、まず、**タイトルに転送メールであることを示す「Fw:」をつける**。そして本文で転送メールであることとその目的を書くようにする。「○○様よりの本日の会議資料です。報告書作成の参考にしてください。」などだ。

また転送メールには、送信元のヘッダー情報が自動的に添付される。この情報を次の送信先に送りたくない場合は、忘れずに削除するようにしよう。

ここがポイント！

転送メールは勝手に送らない、いきなり送らない

1 転送メールの例

件名(U): FW: 新製品につきまして

大野さん

営業部の山田です。
××株式会社の佐藤様から新製品のカタログが届きました。
転送しますので、物品購入の参考にしてください。

> -----Original Message-----
> From:
> 佐藤 花子
> [mailto: h_satou@zzz.co.jp]
> Sent: Friday, January 31
> 2014 5:45 PM
> To: 山田 太郎
> Subject: 新製品につきまし
> て
>
> ○○物産 株式会社 営業部
> 山田 太郎 様
>
> お世話になっております。

転送メールであることを示している

転送であること、転送の理由を書く

送信元のヘッダー情報は必要に応じて削除する

転送するメールの内容

023 セキュリティの基本を理解する

安全

メールの扱いが不適切だと、情報漏えいの危険性が高まる。その対策の基本は、まず、誤送信を無くすことだ。**誤送信の多くは、単純な宛先違いや、「TO」「CC」「BCC」の使い方を間違えることで発生**する。前者は、送信する前によく確認すること。後者はそれぞれの使い方を正しく理解しよう（30ページ）。

万が一の誤送信のため、ファイルを暗号化する方法もある。取り組みやすいのは、重要事項を暗号化したファイルとして作成し、メールに添付する方法だろう。

不審メールを安易に扱うことも、ウイルス感染や情報漏えいにつながる。対策としては、**メールソフトの設定を、セキュリティを重視した設定に変更**する。OSなどのセキュリティ更新はきちんと行う。ウイルス対策ソフトの備えは万全にするなどがある。

また、**出所不明のメールや怪しげなメールは開かない**ようにしよう。プレビューするのも危険だ。

ここがポイント！

誤送信をなくすこと 不審なメールは開かないこと

1 Wordでファイルを暗号化するには、「ファイル」メニュー❶→「情報」をクリックし❷、「文書の保護」をクリックする❸。「パスワードを使用して暗号化」をクリックする❹。

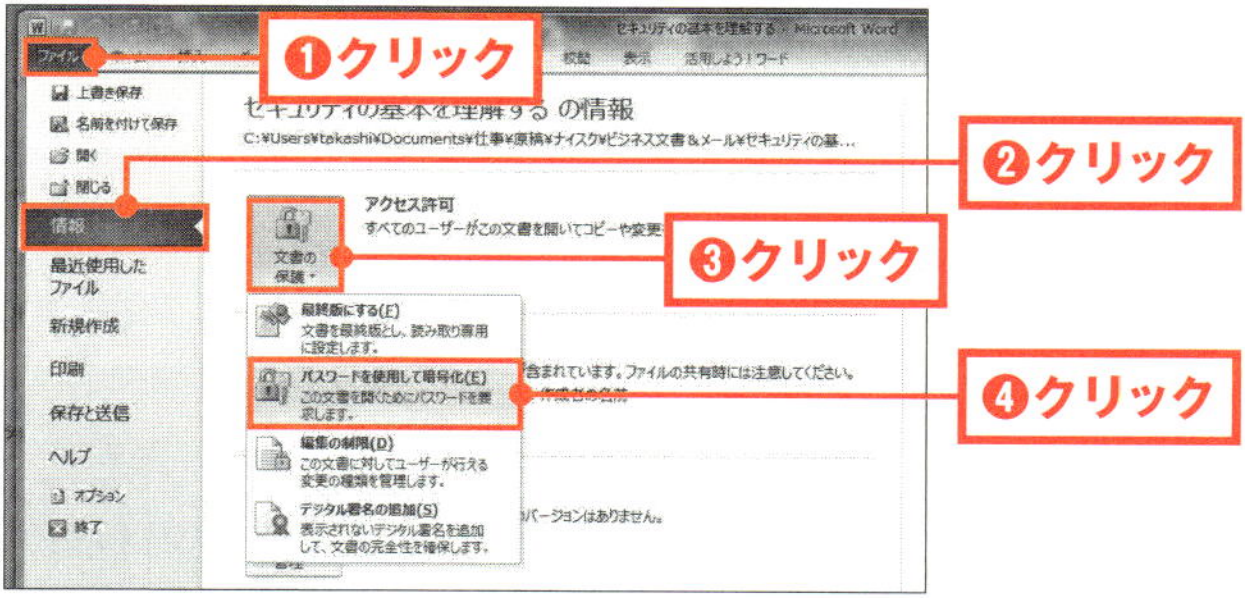

2 パスワードを入力する❶。ここで入力したパスワードは、相手に伝える。パスワードを紛失したり忘れたりすると、データを復元できないので注意したい。

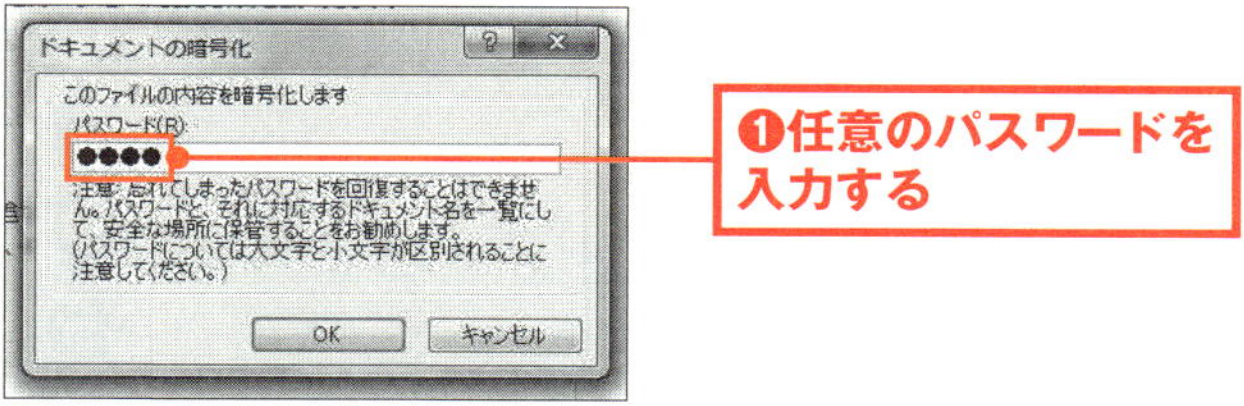

024

メール・電話・書面を使い分ける

活用

メール、電話、書面。現代のビジネスマンには、様々なコミュニケーションツールがあり、それぞれの特性に応じて活用することができる。**いいところを活かしながら併用する**ことも可能だ。

メールの特性は、電話と書面の中間にあるだろう。その利点は、書面よりも早く文書が送れ、電話にはできない、複雑な情報を伝えたり、記録に残したりすることができる。忙しくてなかなか捕まらない相手への連絡や、複数の人に同時に送る、夜遅くでも忘れないように送る、といった使い方ができる。

反対に**メールがふさわしくないのは、お詫びやミスの報告**だ。自分のせいで迷惑をかけた相手には、口頭で謝罪するのがマナーだ。緊急な用件で連絡したいときも、スピードで上回る電話がよいだろう。また、重要な文書は、書面で送るのがよい。メールは、法的根拠としては書面よりも弱く、誤送信やウイルスで情報が漏えいするリスクもある。

ここがポイント！

時と場合に応じてツールを使い分ける

1 メールが適している場合

文書を早く送りたいとき／複雑な情報を早く送りたいとき／送信料金を安くしたいとき／内容を文書で確認してもらいたいとき／複数の人に同時に送りたいとき／やり取りを記録として残したいとき／忙しい相手に連絡を送りたいとき／早朝や深夜に送りたいとき

2 電話が適している場合

緊急な用件で連絡したいとき／相手の回答をすぐ欲しいとき／おわびやミスの報告をするとき／大きな迷惑をかけたとき／当日休みなどマナー上口頭での連絡を要するとき

3 文書が適している場合

社外秘や個人情報を含む機密文書を送りたいとき／捺印が必要な契約書・請求書を送るとき／保存しておく文書を送るとき／礼儀を重視する文書を送るとき

025

携帯メールと併用する

活用

業務上、パソコンのメールを携帯電話に転送し、そこから返信を行っている人も多いだろう。**携帯から初送信する相手には、「○○の大島です。携帯からのメールで失礼します。」という一文を入れよう。**知らないアドレスで不安にさせないためだ。携帯電話では、パソコンとは違う簡略用の署名を使うのがおススメだ。**署名に「※携帯電話から送信しています。」のひと言を添える**と、「外出中」ということもそれとなく伝えられる。

携帯のみで受け取ったメールは、会社のパソコンに忘れずに転送しよう。反対に、パソコンから相手の携帯に送るときは、手短に用件だけを伝えるようにしよう。小さな画面でメールを読む相手への配慮だ。また「CC」で、同じメールを相手のパソコンにも同報してあげると親切だ。ビジネスメールだとそれとなく伝えることもできる。相手の携帯が、パソコンからのメールを受信しないように設定されていることもあるので注意したい。

ここがポイント！ 携帯用の署名を活用して「携帯から」ということを伝える

1 携帯からビジネスメールを送るときの留意点

・初めての相手には以下の一文を入れる

「○○の大島です。携帯からのメールで失礼します。」

・２回目以降もひと言断りを入れる

「携帯からのメールで失礼します。」

2 署名は携帯電話用の簡略バージョンを使う

[署名の例]

＝＝＝＝＝＝＝＝＝＝＝＝＝＝＝＝
○○株式会社 山田 太郎
※携帯電話から送信しています。
携帯電話：090-0000-0000
E-mail:ymada_tarou@xxx.co.jp
＝＝＝＝＝＝＝＝＝＝＝＝＝＝＝＝

Column

書面とはここが違う
メール文化の独自性

コラム 1

メールは、文書を送るという点では手紙や封書、FAXなどと同じだが、インターネットという便利な通信手段を利用する新しいコミュニケーションツールだ。そのため、手紙や封書とは異なる点もたくさんある。

まず、メールは、文書を送る上でのしきたりに変化をもたらした。書面であれば「拝啓」からはじまり前文と挨拶が続いたあと、ようやく主文に入る。そして末文があって、最後は「敬具」で結ぶ、という一連のルールがある。メールでは、これが大きく簡略化された。それどころか、親しくなればある程度フランクな文面が通じる場合もある。それは、メールが書面よりも頻繁にやりとりを行うことが可能なツールであることにも起因しているだろう。

その利点を活かして、書面で送るほどではない気軽な文書を送る際に利用されたり、スピードを要求される場合に利用されたりする。また、写真やイラスト、図やグラフ、エクセルデータなど、様々なデータを添付できるようになったことも、ビジネス上大きなメリットのひとつだ。

適した場面でメールを使い、そのよさを活かして効果を上げるのが、メール達人への道と言えるだろう。

第2章

心情・思いを表す文例集

026

ありがとうございます

お礼の言葉の基本と言えば、言わずと知れた「ありがとうございます」だ。感謝の表現としては**もっともシンプルで、汎用性が高い**。「いつもお世話になっております、ありがとうございます」のように、挨拶代わりに使われることもある。しかし、反対に言えばありがちな表現なので、スルーされてしまうこともある。

とはいえ、この言葉が素直に言えるときは、本当に感謝している証拠ともいえる。社交辞令と受け取られないよう、**何に感謝しているのかを具体的に書く、お礼以外には他の用件を書かない、タイミングを逃さない**など、細やかに気を配り、感謝の気持ちを確実に伝えよう。

感謝をシンプルに伝える表現としては、他に「感謝しております」「ありがたく存じます」などがある。前者は「ありがとうございます」よりも、もう少し丁寧な印象を与えることができる。後者は「ありがたい」と思っていることを丁寧に伝える表現だ。

感謝

ここがポイント!

挨拶代わりにも使われる感謝のもっとも基本的なフレーズ

例文

この度は、フラワーガーデン桜ヶ丘のオープンイベントにご協力いただき誠に**ありがとうございました**。

好評となった「伝えて嬉しい花言葉」など、スタッフの方々のユニークな発想やご尽力のおかげで、盛況のうちにプログラムを終えることができました。弊社代表取締役の森田はじめ社員一同、大変に**感謝しております**。

今後もご指導、ご協力のほどよろしくお願いいたします。

■ 覚えて便利! その他の表現

◉感謝しております。

「ありがとうございます」よりも少し丁寧な印象を与える。より丁寧に「感謝いたしております」としてもよい。

◉ありがたく存じます。

「ありがたいと思っています」ということをより丁寧に表現して、感謝の気持ちを強く抱いていることを伝える。

027

お礼申し上げます

感謝

感謝の表現には、まず、基本の「ありがとうございます」がある（74ページ）。しかし、その他の表現を知らないと、同じメールの中で何度も「ありがとうございます」を繰り返すことになってしまう。**同じ言葉が何度も出てくるのはあまりカッコ良くない**ので、できれば他の表現に置き換えたい。

そんなときに便利なもうひとつの基本フレーズが「お礼申し上げます」だ。いろいろな場面で使えるので、重宝する。

「お越しいただけましたこと、心よりお礼申し上げます」のように**普段使いもできるし**、「お」を漢字にして「ひとかたならぬご厚情に厚く御礼申し上げます」といった**かしこまった表現でも使える**。

また、一度「ありがとうございます」と言った後、物足りない気がしてもう一度感謝を表したいときや、別件に対して、もう一度感謝を表したいときなどに、付け足して「重ねてお礼申し上げます」と言うようなときにも使える。

ここがポイント!

感謝を表す汎用性の高い基本フレーズ

例文

本日は、ご多用中にも関わらず、貴重なお時間をいただきまして、誠にありがとうございます。

おかげさまで、農と食に関する見識の深いお話をお伺いし、勉強をさせていただく絶好の機会となりました。心より**お礼申し上げます**。

今後ともご教示、ご指導を賜りますよう、よろしくお願い申し上げます。

■ 覚えて便利! その他の表現

◎感謝申し上げます。

使い方は「お礼申し上げます」とほとんど同じ。よりかしこまった印象がするので、堅い文面にも使いやすい。

◎お礼の申し上げようもございません。

謝意が大きいときに用いる表現。「ありがとうございます」だけでは物足りないときに使うと便利。

028

ご面倒をおかけしました

感謝

感謝の気持ちを表すことができるのは、「ありがとうございます」など、いわゆる「お礼の表現」ばかりではない。相手がしてくれた具体的な行為に対して、**現実に即した自分の思い**を反映させることができれば、感謝の気持ちをよりリアルに伝えることができる。

例えば、何か厄介ごとに対処してもらい、骨を折ってもらったとする。「ああ、苦労をかけさせてしまったなあ」と思うだろう。その**苦労に報いる表現や申し訳ないという気持ちを込めて**「ご面倒をおかけしました」と伝えることができる。「お手数をおかけしました」という表現でもいい。

相手の行為がうれしかったのなら「うれしく存じます」。相手の行為に恩義を感じたのなら「ご恩は一生忘れません」。また、もっと具体的に「皆、大変美味しいと喜んでおりました」のように、実際の感想を盛り込んでも相手としてはうれしいだろう。

ここがポイント!

苦労に報いる表現で感謝の気持ちを示す

例文

この度は、弊社の納入ルートにおける予期せぬトラブルのために、通常とは違う納入方法をとらざるを得ませんでした。

そのため、鈴木様には、普段はお手を煩わされる必要のないようなことにまで、ご対応いただくこととなり、**ご面倒をおかけしました**。

おかげさまで事なきを得、大変、助かりました。誠にありがとうございます。

■ 覚えて便利! その他の表現

◉お手数をおかけしました。

「ご面倒をおかけしました」とほぼ同じ用途で使われる。こちらの方が少し軽い印象で、普段使いにはよい。

◉うれしく存じます。

「うれしいと思っています」の丁寧な表現。相手の行為に対して「うれしい」という気持ちを率直に述べて感謝を表す。

029

おかげさまで

感謝

「おかげ」とは、人から受けた恩恵を指す言葉だ。**何か物事を成し遂げて、そのために力添えをいただいた場合**に「あなたのおかげで、よい結果を得ることができました」という意味合いを込めて「おかげさまで、無事に納期に間に合わせることができました」のように使う。

一般的には、はっきりした支援があったわけではなく、**成果に対する漠然とした謝意を表す**ために使っていることも多い。しかし、「○○様には、たびたびご助言をいただきました。おかげさまで〜」のように、具体的な助力や行為に対して使うのがより効果的だ。

さらに丁寧な表現としては「おかげをもちまして」「おかげさまをもちまして」などとも言う。また支援に対して、相手方の努力をいただいたのなら「ご尽力をいただき」という表現がある。ご尽力、ご面倒、お手数など、いろいろな意味で使える「お骨折りをいただきまして」という表現も汎用性が高い。

ここがポイント!

成果に対する具体的な謝意を表す

例文

この度は、御地への出張に際しまして、木村様には、お忙しいところ、ひとかたならぬおもてなしにあずかり、誠にありがたく存じます。

おかげさまで、思っておりました以上の成果を得ることができました。昨日、心晴れやかに全日程を終え、無事に帰社することができたところです。これもひとえに木村さまのおかげと、感謝申し上げます。

■ 覚えて便利! その他の表現

◉ご尽力をいただき

支援に対する努力に敬意を表する場合に使う。具体的な支援というよりは、様々な要因を込めた意味合いになる。

◉お骨折りをいただきまして

相手の骨折りに対して感謝する場合に使う。「お骨折り」は、ご尽力、ご面倒、お手数などの意を含む便利なフレーズだ。

030

申し訳ありませんでした

詫び

何か失礼があったときや、相手方に迷惑をかけたときは、当然、謝罪をしなければならない。**謝罪をするときは、まずは誠心誠意、心からの謝意を伝える**ことが重要だ。

「申す」とは「言う」という意味だ。つまり、「申し訳ありません」という言葉は「言い訳はありません」「言い逃れはできません」ということを言い表している。「言い訳はない」ということを初めに宣誓することで、謝意を表すのだ。

言い訳をしたい心は誰にでもあるだろうが、その気持ちが相手に見えてしまうとその分謝意も薄れてしまう。まずは、**自分の非を潔く認め、100%謝罪することで、相手の気持ちを和らげる**ことにつなげたい。

他に、謝意を伝える言い方には「失礼いたしました」や「恐れ入ります」がある。「すみませんでした」は、つい使いがちだが、ビジネスでは少し軽い感じになってしまう。使わない方がいいだろう。

ここがポイント! 言い訳せずに自分の非を認め心からの謝罪をする

例文

さて、この度、納入させていただいた「オフィスプレッソneo」につきまして、ご注文と違う色の商品が届いたとのご指摘をいただきました。

弊社の出荷担当者に確認をいたしましたところ、ご注文用紙から発注書を作成する際に、転記ミスが発生していたことが判明いたしました。

ご迷惑をおかけし、誠に**申し訳ありませんでした**。

覚えて便利! その他の表現

◉失礼いたしました。

「礼儀を欠いた振る舞いをしてしまいました」の意。「申し訳ありませんでした」よりもやや気軽に使える。

◉恐れ入ります。

本来の意味は、大そう恐れ怖がること。「失礼があり、誠に恐れ入ります」など、詫びる意味でも使われている。

031

お詫び申し上げます

詫び

「詫び」とは、「悪いことをした」と謝ること、謝罪することを意味する。**「謝罪します」という意味を、相手への敬意を込めて伝える**と、「お詫び申し上げます」という言い方になる。「申し訳ありませんでした」と同じくらい、ビジネスではよく使う基本フレーズだ。「申し訳ありませんでした」（82ページ）が続きそうになったときに使うのもよい。

電話や会話では「申し訳ありませんでした」の方が言いやすいのに比べ、「お詫び申し上げます」の方が、やや文語的表現といえる。そのためメールや文書にする場合は「お詫び申し上げます」の方が**使い勝手がいい**かもしれない。

お詫びの気持ちが大きければ「お詫びの言葉もございません」「お詫びの申し上げようもありません」といった表現で強調できる。さらに文語的なフレーズでは「謝罪いたします」「深謝いたします」などの表現を使うと、よりかしこまった感じが伝わる。

ここがポイント!

文語的表現で使い勝手のいい謝罪のフレーズ

例文

5月20日付で御社に納品いたしました弊社製品「カラーバインダーCBⅡ/A4サイズ」につきまして、一部不良品が混入していたとのこと、誠に申し訳ございません。深く**お詫び申し上げます**。

早速、明日5月22日着の山下急便にて代替え品を発送させていただきました。恐れ入りますが、不良品は着払いにてご返送いただけますようお願い申し上げます。

覚えて便利! その他の表現

◉お詫びの言葉もございません。

謝罪の気持ちが大きいときに使う。申し訳ないという気持ちが強すぎて、謝罪の言葉が見つからないといった意味。

◉謝罪いたします。

より文語的でかしこまった感じがする。「陳謝いたします」「深謝いたします」などの言い方もある。

032

大変ご迷惑をおかけいたしました

詫び

謝罪をするときは、**何に対する謝罪なのかをはっきりと示す必要がある**だろう。迷惑をかけたからなのか、不快な思いをさせたからなのか、心配をかけたからなのか？「○○をしてしまい、大変ご迷惑をおかけしてしまった、だから謝罪をするのです」のように、謝罪の対象をはっきりさせる文面でよく使われるフレーズが「大変ご迷惑をおかけいたしました」だ。

例えば「突然お邪魔して、大変ご迷惑をおかけいたしました。お詫び申し上げます」といった使い方になる。ビジネスの場合は、**謝罪の対象となる事柄は「ご迷惑」という言葉で表せる**ことが多い。だから、この表現をおさえておけば、あらかた応用が効く。

とはいえ、相手に与える損害は迷惑だけとは限らない。精神的な場合もあるだろうし、実作業を伴うこともある。状況に合わせて「ご心配をおかけ」「お手数をおかけ」など、使い分けをするとよい。

ここがポイント!

迷惑をかけてしまったことに対し謝罪をする場合に使う

例文

当初納期を目指して、予定通り作業を進めてまいりましたが、4月8日に発生いたしました台風15号の影響のため国内工場における生産ラインが一時ストップいたしました。それにより、ご指定の期日までに納品ができない結果となりました。不測の事態とはいえ、貴社に**大変ご迷惑をおかけいたしました**。心よりお詫び申し上げます。

■ 覚えて便利! その他の表現

◎ご心配をおかけいたしました。

相手にかけた負担が、事態を心配する気持ちである場合に使う。こちらを心配してくれたお礼を込める場合もある。

◎ご不快の念をおかけいたしました。

こちらの言動や行為の結果によって、相手に不愉快な思いをさせてしまったときに使う。

033

自責の念にかられております

失敗をしてしまったとき、口で「反省しています」と言っても、人目がなくなれば平然としていられるのなら「口先だけ」と言われてもやむをえない。本当に反省しているのなら、人目があろうとなかろうと、**自分を責めさいなむ気持ち**に変わりはないはずだ。そういう気持ちになっていることを表すフレーズがこれだ。

「自責」とは自分で自分を責め、とがめることだ。「かられる」は、「駆る」の活用で、追い立てられるという意味になる。だから、自分で自分を責めとがめる気持ちに追い立てられていますという、**強く反省している様を表した表現**だ。

それなりに重みのある表現なので、**軽めの謝罪文にはあまり適さない**。打ち合わせに5分遅れたくらいでこの謝罪文が来たら、相手も驚いてしまうだろう。それなりに深い謝罪が必要なときに、こちらの罪の意識を印象付けるのに使う表現だ。

詫び

ここがポイント!

かなり強く反省している様を表す表現

例文

この度は、弊社社員が井上様に礼儀を失したひと言を申したとご指摘いただいた件、誠に申し訳ございませんでした。心よりお詫び申し上げます。

常日頃より、お客様に失礼のないようにと厳重に指導してきたつもりでおりましたが、このような事態になりましたこと、ひとえに、私の監督不行き届きと申すほかなく、**自責の念にかられております**。

■ 覚えて便利! その他の表現

◎深く反省しております。

反省を表現する基本の言葉。過失が大きいときは、不十分な印象を与えるかも知れない。

◎猛省いたしております。

「猛省」とは、強く反省すること。「反省」では言い足りないと感じている場合に、その気持ちを表すのに使える。

034

まさにおっしゃるとおりでございます

詫び

怒って感情的になっている相手に対しては、下手な弁解に言葉を尽くすより、相手の言い分が正しいと全面的に受け入れてしまった方が、事態が収まることも多い。そんなときに使えるのがこの表現だ。

「おっしゃる」は「言う」の尊敬語だ。つまり「まったくあなたの言うとおりです」という意味になる。**相手の言い分を全面的に認める言葉を謝罪文に入れる**ことで、まずは相手の気持ちが鎮まることを期待する表現だ。

こちらに全面的に非がある場合にはもちろん使える表現だが、それだけでなく、**相手にもいくらかの非がある場合に相手の怒りを鎮める効果を期待して使われる**場合もある。接客サービスなどで、よく使われている表現だろう。

指摘につながるような言動などに対しては、「ご指摘のとおりでございます」という言い方もある。また、相手の気持ちを正当だと認める「お怒りはごもっともでございます」という表現もある。

ここがポイント!

相手の言い分を全面的に認め気持ちを鎮めることを期待

例文

この度は、弊社の秋葉原支店での店員の応対業務につきまして、貴重なご忠告をいただきまして、大変、恐縮に存じます。

ご指摘をいただきました件は、申し開きのできないことであり、**まさに**、貴台の**おっしゃるとおりでございます**。せっかくのご来店の折に、ご不快の念をおかけして、誠に申し訳ございません。心よりお詫び申し上げます。

■ 覚えて便利! その他の表現

◉ご指摘のとおりでございます。

相手の言動を尊重する表現。過失が明らかで重大なとき「ご指摘のとおり、弁解の余地もございません」と言ったりする。

◉ごもっともでございます。

「ごもっとも」は「もっとも」の丁寧な表現。「当然です」という意味になり、相手の言動や気持ちを認める表現。

035

考えが及びませんでした

詫び

失敗してしまった、相手に迷惑をかけてしまった。ほとんどの場合は、はじめから悪意があったわけではない。なぜ発生したかというと、たいていは、自分の力不足だったり、配慮が足らなかったり、不注意だったりといったことが原因として考えられるだろう。そんなときに、**自分の至らなさを謙虚に受け止め、素直に認めるための表現**としてよく使われるのがこのフレーズだ。

中には不測の事態で発生するトラブルもあるだろう。そんなときに「考えは巡らせていたのに、予測を超える事態だった」というニュアンスを込めることもできる。同時に、たとえ不測の事態であっても、突き詰めれば、本来は予測すべきだったと**虚心坦懐に受け止める姿勢**も同時に示すことができる。

細かいところまで注意が行き届かなかった場合は「気が回りませんでした」、部下の失敗を上司が詫びるときの「監督不行き届きでした」といった表現もある。

ここがポイント!

自分の力や配慮が足りなかったことを謙虚に認める言い方

例文

当該商品は、予想を上回る人気商品となり、メーカーにおいても、生産が間に合わないとのこと。弊社でも、御社の日頃のご厚誼に感謝し、あらゆる手を尽くしておりますが、ご要望にお応えすることがかなわぬ状態でございます。

このような事態に陥る前に、早急に手を打つべきでした。全く**考えが及びませんでした**。ご迷惑をおかけして誠に申し訳なく、心よりお詫び申し上げます。

■ 覚えて便利! その他の表現

◉気が回りませんでした。

細かいところまで注意が行き届かなかったために、招いてしまった失態について言及するときの表現。

◉不行き届きでした。

文字通り注意が行き届かなかったことを言う表現。部下の失敗を上司が「監督不行き届き〜」と謝罪するときによく使う。

036

誠におめでとうございます

お祝い

会社設立、支店開設、新社屋落成、役員就任、栄転・昇進、受賞などの慶事があったときは、祝いのメールを送る。「めでたい」とは、「祝うべきである」「喜ばしい」といった意味であり、「おめでとうございます」は、**祝いの気持ちを素直に、丁寧に伝えるための言葉**の代表格だ。祝いの内容に左右されず、どんな相手にも使えるので、使いやすい表現だ。

「おめでとうございます」だけでももちろんよいが、本当に・実に、を意味する**「誠に」を頭につけると、祝いの程度が大きいときにも使える**のでセットで覚えておこう。

お祝いメールでは、**慶事がわかったらすぐに送る**ことや、**お祝い以外の他の用件については書かない**ことがマナーだ。**不吉を連想させる忌み言葉も使ってはいけない**。忌み言葉には、開店なら「終わる」「閉じる」など、新築なら「火」「燃える」など、栄転なら「落ちる」「難しい」などがある。

ここがポイント!

祝いの気持ちを素直に伝える言葉の代表格

例文

この度は、名古屋支店長にご栄転の由、**誠におめでとうございます**。これもひとえに貴兄の常日頃のたゆまぬ努力と仕事に対する情熱、これまでの業績が高く評価されてのものだと拝察いたします。

当地ご在任中は、ひとかたならぬご恩情を賜り、誠にありがとうございました。今後も変わらぬお引き立てのほど、よろしくお願いいたします。

■ 覚えて便利! その他の表現

◉心よりお祝い申し上げます。

これも一般的な祝いの表現。多少かしこまって、形式的な印象もあるが、間違いのない祝いの言葉だ。

◉心からお喜び申し上げます。

相手にとっての祝い事を、自分の喜びとして表現し、祝いの言葉とする。儀礼的なメールでよく使われる。

037

心からお見舞い申し上げます

見舞い

相手が病気、事故、入院、災害などのトラブルに遭ったときは、相手を慰め、励ますために見舞いのメールを送る。このときは、タイミングを逃さないことが大事だ。ただ、相手の状況を考えると、うかつなことも書けず、勇気が要ることもある。その場合は、無理をして背伸びした文章などにせず、基本に則ろう。

「お見舞い」は、文字通り、お見舞い全般に使える言葉だ。台風や火災などの災害でも、病気やけがでも、いずれの場合にも使える。これに「心から」をつけ、本意であることを強調する。定番フレーズでありながら、**思いやりの気持ちが素直に伝わる表現だ**。

渦中にいる相手に時間をかけさせないように、手短にまとめ、**前文は省いても構わない**。返信も求めない。災難の再発を連想する「重なる」「繰り返す」「再び」「追って」、最悪の結果を連想する「終わる」などの忌み言葉は使わないように注意したい。

ここがポイント!

思いやりの気持ちを伝えてお見舞い全般に使える表現

例文

今朝の報道により、御地において地震が発生し、家屋の倒壊や道路の寸断が発生しているとのこと、存じ上げました。大変驚いております。

急ぎ、お電話をいたしましたが回線が混み合っており通じません。被害が貴社および貴社の皆様に及んでいないかと案じております。**心からお見舞い申し上げます。**

覚えて便利! その他の表現

◉謹んでお見舞い申し上げます。

「謹んで」という表現は、「心から」よりもさらに強い敬意を含んでおり、改まった印象になる。

◉お慰めの言葉もございません。

「慰めの言葉をどうかけていいかわからない」という気持ちを示して強い同情を表す。災害を受けた相手によく使う。

038

ご心痛のほどお察しいたします

見舞い

「心痛」とは、心をいためることやひどく心配することを意味する言葉だ。「あなたの心の痛みはいかばかりか、人ごととは思えません」と同情する気持ちを示して、見舞いの表現とする。

見舞いのメールにおいては、他人事だと思っている印象を相手に与えてはいけない。「お察し」という言葉で相手の状況をおもんぱかっている事実を伝えることができる。

よく使うのは、事故などに遭ったときだろう。被害や失うものが大きかったり、死傷者が出たりしたとき、人が亡くなった場合のお悔やみなどでも使う。

また、本人に降りかかった災厄ではなくても、家族が病気で入院した人などに対して「さぞかしご心配でしょう」と、つらい気持ちを思いやるためにも使う。

相手の苦労を思いやる「ご苦労のほど痛いほどわかります」、困窮していることを思いやる「何かとご困窮のことと、拝察いたします」といった表現もある。

ここがポイント!

相手の心の痛みを人ごととは思えないと同情する言葉

例文

承りますれば、貴社工場にて事故が発生したとのこと。驚きを禁じ得ません。

お聞きしましたところ、お怪我をされた方はなく、皆さまがご無事であったことが、せめてもの救いと存じます。平素より事故対策に最大の努力をなされてきただけに、**ご心痛のほどお察しいたします**。これに屈せず、ご健闘を続けられますよう祈念申し上げます。

■ 覚えて便利! その他の表現

◉ご苦労のほど痛いほどわかります。

相手の苦労や心労が自分のことのように理解できると表明する表現。似たような状況を経験したことがあると伝わりやすい。

◉何かとご困窮のことと、拝察いたします。

被害が尽大なとき、困窮した状態を気遣ってかける言葉。困窮とは、どうしようもなく困ることを指す言葉。

039

見舞い

一日も早いご回復をお祈り申し上げます

苦しい状況にある相手の回復を願う、もっとも基本的な表現がこれだ。病気やけがで静養中の相手に、その病気やけがからの回復を願って使うことが多い。頭に「一日も早い」と付け加えることで、**回復を強く願っているというニュアンスを含める**ことができる。

またこの表現は、メッセージの最後で使われることも多い。お見舞いのメールでは、当然、お見舞いの言葉を伝えるわけだが、**最後は、災厄から立ち直ることに目を向けたポジティブワードで締めくくりたい**からだ。

回復よりも上を行く「全快」を使って「一日も早く全快されますよう、お祈り申し上げます」という言い方もある。より強く、相手の回復を願う気持ちが伝わるので、ここぞというときに使いたい。

また、仕事に熱心なあまり回復を焦って養生が不十分となることがないよう「この際、十分に静養をなさって」という思いやりの表現もある。

ここがポイント!

病気やけがからの回復を願って使われる表現

例文

このたびは、貴社営業第1課の中村様より、ご入院された由お聞きし、驚き案じております。その後、ご病状はいかがでしょうか。心からお見舞い申し上げます。

平素より、精力的に事業を引っ張っておられるお姿を拝見し、ご心労も多々おありだったかと拝察いたします。この際、十分にご養生をなさって、**一日も早いご回復をお祈り申し上げます**。

■覚えて便利! その他の表現

◉一日も早く全快されますよう、お祈り申し上げます。

「全快」は病気やけががすっかり治ること。「もとのようにすっかり元気に」というニュアンスを持つ。

◉この際、十分に静養をなさって

仕事で多忙な人に対してよく使われる表現。比較的親しい相手に使う。「回復を焦らないで」という思いやりが含まれる。

040

ご自愛のほどお祈りしております

見舞い

「自愛」とは、自分を愛すること。つまり、自らその身を大切にすること、健康に気をつけることを意味する。「ご自愛のほどお祈りしております」は、メールに限らず手紙やビジネス文書でもよく使われる表現で、「あなたが、ご自分の身体を大切にされることを願っています」という意味になる。「無理をなさいませんよう」というニュアンスを含め、**相手を気遣う言葉**だ。文章の締めくくりでよく使われる。

病気やケガなどで療養中だったりする人に対して、そのまま使うことができる。「くれぐれも回復を焦らず、ご自愛のほどお祈りしております」といった具合だ。病気やケガなどに関わらず、「お体に気をつけて」程度の意味でもよく使われる。強めるときは、「どうぞ」「くれぐれも」などをつけるとよい。

「自愛」よりも健康面への気遣いをはっきりさせる「ご静養のほどお祈りしております」といった表現もある。

ここがポイント!

相手が無理をせず、自分の身体を大切にすることを願う

例文

このたびは貴社横浜工場において、予期せぬ災禍に見舞われたとのこと、心からお見舞い申し上げます。

貴社では、平素より「もしかして」運動の徹底に取り組み、安全第一を心がけておられたことを存じていただけに、皆様のご心痛のほどお察しいたします。

皆様、お取込み中とは存じますが、くれぐれもご無理なさいませんよう、**ご自愛のほどお祈りしております**。

■ 覚えて便利! その他の表現

◉ご静養のほどお祈りしております。

「静養」は、心身を静かにして病気や疲れなどを癒すこと。「自愛」よりも、健康を気遣う意図がよりはっきりする。

◉ここしばらくはご養生に励まれ

「養生」は、病気やケガが治るように、回復に努めること。病気などを治すことに専念してくださいという意味。

041 改めて説明申し上げます

説明

何らかのトラブルや誤解が生じた場合、担当者は弁解に追われることになる。できるだけ円滑に相手の理解を得るためにも、それに相応しい物言いを知っておきたい。

感情的になっている相手に対してメールで事情を説明する場合は、**状況をできるだけわかりやすく伝えたい**。そのため、状況の説明に入る場合は「ここから説明に入ります」と前置きをするとよい。そのための常套句が「改めて説明申し上げます」だ。「改めて」という言葉は、きちんとした対応によるものだという好印象を与えることができる。まずは、**事実に照らして論理的な筋道で理解を願う、誤解を解くという姿勢**が大事だ。

単に説明するだけでなく、事情があり、それを理解してもらいたいという意味を込める「事情をご説明させていただきます」「改めて釈明申し上げます」といった表現もあるので、適宜、使い分けるようにしたい。

ここがポイント!

「ここから事態の説明に入ります」と宣言するための一文

例文

先般、貴社仙台営業所におきまして、当初４月20日の予定でした「スポンジー３」の納入が遅延いたしましたこと、誠に申し訳なく、心よりお詫び申し上げます。

この度の納期遅延につきまして、**改めて説明申し上げます**。当初、順調に作業を進めてまいりましたが、４月８日に海外工場で発生いたしました火災の影響で、ご指定の期日までの納品ができない結果となりました。

■ 覚えて便利! その他の表現

◉事情をご説明させていただきます。

「事情」は物事の原因や理由のこと。事情があって、そのことをどうかご理解いただきたいという意を込める。

◉改めて釈明申し上げます。

「釈明」を使うことで、単なる事実関係の説明だけでなく、事情があり、それを汲んでもらいたいという意が込められる。

042

説明

～いたしましたのは…ためです

トラブルが発生した際に、原因や理由を説明するときの基本的な言い回しがこれだ。結果を主語にして、原因や理由を述語で説明する。

主語と述語がはっきりしている文章は読みやすい。それは、複雑な事情を説明する文章においても同じだ。「○○が発生いたしましたのは、…して、…があり、…したためです」という順序なら、最初から事情説明と認識してすんなり読める。しかし「…して、…があり、…したため、○○が発生いたしました」となると、最後まで読み終わってからでないと、事情の説明だったことに気づかない。

原因よりも結果を先に述べることによって、潔い印象を与えることもできる。反対に原因から結果へと順序立てて説明したいときは「～があり、～が生じました」という言い回しになる。

「～によるものと判明いたしました」という言い回しを使うと、調査した上での客観的事実だという印象を与えられる。

ここがポイント!

結果を主語にして原因や理由を説明する

例文

５月10日付で貴社名古屋営業所に納入いたしました「テーピスト」がご注文の品と異なるとのご連絡をいただきました。大変申し訳ございません。

商品の誤送が発生**いたしましたのは**、弊社営業担当者が発注書を作成する際に、商品番号を誤って記載していた**ためです**。当方の単純なミスのために、大変なご迷惑をおかけする結果になりました。重ねてお詫び申し上げます。

覚えて便利! その他の表現

◉〜があり、〜が生じました。

原因から結果へと説明する。原因から理解を得たい場合などに向く。原因があまり長くなると読みづらくなることも。

◉〜によるものと判明いたしました。

「判明」は、はっきり明らかになること。調査をしたという姿勢を示し、客観的事実によるものという印象を与える。

043

鋭意作業を進めております

説明

「鋭意」とは「心をはげましつとめる」ことを表す言葉だ。簡単にいえば「がんばる」ということだ。この一文では「一生懸命作業を進めています」という意味になる。

よく使われるのは、相手方から作業の進行状況を尋ねられ**「がんばって進めています」ということを伝えたい**ときだ。実際の進行状況よりも、いわば精神論の部分が強い。**状況を伝えにくいときや、実際には芳しくないときに使ったりもする**。そのため言葉半分に受け取られる可能性も高い。

「口先だけの政治家みたい」と抵抗があるかもしれないが、必要な場合は堂々と使って、事態を切り抜けよう。これも、ビジネスの慣用的表現だ。

同じような表現では、そのことだけに心を集中する意味の「専心」や「一意専心」という言葉を使うこともある。また、多少芝居がかった印象を与える「脇目もふらず」という言い回しもある。

ここがポイント!

「がんばって進めています」という状況を伝える

例文

先般、申し入れさせていただきました納期の遅延のお願いにつきまして、寛大なお心をもってご承諾をいただき、誠にありがとうございます。

現在、完成を目指して、**鋭意作業を進めております**。新たに設定させていただいた期日の8月12日には納入できる見通しとなっております。皆様には、お待たせしておりますこと、誠に申し訳ございません。

■ 覚えて便利! その他の表現

◉一意専心作業を進めております。

「一意専心」とは、そのことだけに心を集中すること。この作業に専念しているという状況を伝える表現だ。

◉脇目もふらず取り組んでおります。

「脇目もふらず」とは、目的の物事以外は考えもせずに専念するさま。多少大げさだが、慣用句のひとつだ。

説明

044

説明

ご理解いただきたくお願い申し上げます

取引先などにひととおりの説明をして、その内容について理解を求める表現。それまでに述べた説明を締めくくる形で使われることが多い。「ご理解ください」だと、厚かましく聞こえるので、謙譲語「いただく」をつけ、最後にお願いする形をとる。

単に理解してもらうだけでなく、「お許しいただきたい」「不快の念をおさめてもらいたい」といったニュアンスを含めることができる。あくまで、こちらはお願いする立場で、判断は相手方に預ける。そして、**先方の温情に訴え、それ以上の追及等は容赦して欲しいという期待をかける**表現だ。

承諾して欲しいというニュアンスをより強く込めることができる「ご了承いただけますようお願い申し上げます」という表現もある。不利な点等をあらかじめ示して、それを納得した上で受け入れて欲しい場合に使う「ご承知おきくださいますようお願い申し上げます」もある。

ここがポイント!

説明の内容などについて理解を求める表現

例文

原因は、請求書作成時に他社への納品分を間違えて入力したことでした。このようなミスをおかしましたことは誠に申し訳なく、深くお詫び申し上げます。

単純ミスではございますが、原因は当社の管理システムの不備に相違ありません。二度とこのような問題を引き起こさぬよう善処いたす所存でございます。何卒、**ご理解いただきたくお願い申し上げます**。

■ 覚えて便利! その他の表現

◎ご了承いただけますようお願い申し上げます。

「了承」は事情をくみ取って承知・納得すること。単なる「理解」よりも、聞き入れてほしいという意味合いが強くなる。

◎ご承知おきくださいますようお願い申し上げます。

条件を納得のうえ受け入れて欲しいという意を伝える。「祝日はお休みとなること、ご承知おき〜」という形になる。

045

所存でございます

決意表明

失敗を繰り返さないと誓うとき、新規事業を立ち上げるとき、新年のあいさつをするとき等、決意表明の機会はいろいろある。そのときは、それに相応しいフレーズを使いたい。

まず、**決意表明する際の決まり文句**が「所存でございます」だ。「所存」とは、心に思っている事柄、考えのこと。それを改まって「~ということを心に決めています」と表明する際の表現だ。「社業の発展に一意専心いたす所存でございます」といった具合に使われる。「つもりです」に置き換えてみると、わかりやすいかもしれない。単に「考えています」というよりも、**気を引き締めて表明する**というニュアンスが伝わりやすい。

くだけた言い方ができる相手ならば、「所存です」「所存でおります」でもよい。決意表明なので「決意でおります」というストレートな言い方もある。困難に立ち向かうときは「覚悟でおります」という言い方がよいだろう。

ここがポイント!

改まって決意表明する際の決まり文句

例文

弊社では福岡支店を新設し、４月１日より営業を開始いたします。これもひとえに皆様方のおかげと心より感謝いたしております。

これを機に社員一同、皆様のご期待にお応えできるよう、誠心誠意、事業に邁進する**所存でございます**。どうか、より一層のご用命、ご利用のほど、お願い申し上げます。

■ 覚えて便利! その他の表現

◉決意でおります。

「決意表明」なのだから、ずばり「決意」を使ってももちろんよい。「決意」とは心に決めたこと。

◉覚悟でおります。

「覚悟」は強く心に決めること。困難に立ち向かう気持ちや、強い気持ちを表す際の言葉として使われる。

046 努めてまいります

決意表明

「努めて」は、「努力して」のこと。「努めてまいります」で「努力していきます」という意味になる。**決意表明をするときに宣言する形で使われる。**

前ページの「所存でございます」がビシッとしたフォーマルな印象であるのに対し、こちらの方はカジュアルでシンプルな表現なので、**かしこまり過ぎずに使える。**その上で、謙譲語「まいる」を使っているので、謙虚さを見せることができ、失礼にもあたらない。

新規事業の立ち上げ、着任のあいさつなど、いろいろな場面で使えるが、謝罪文で使う「信頼の回復に努めてまいります」という一文で目にすることも多い。

より直接的に「努力」をアピールしたいなら、そのものずばり「努力いたします」という表現もできる。同じ意味だが、「努力」感はこちらの方がより強い。これだと短くてそっけなく感じるときは、「努力してまいります」「努力してまいりたいと存じます」などとも言える。

ここがポイント!

「努力していきます」という決意表明をする言葉

例文

かねてより建築しておりました新社屋が無事完成いたし、来る9月1日をもって操業開始の運びとなりました。これもひとえに皆様方の日頃からのご支援の賜物と、深く感謝いたしております。

つきましては、社員一丸となりサービスの向上に**努めてまいります**。なにとぞ一層のご支援、ご協力を賜りますよう、お願い申し上げます。

覚えて便利! その他の表現

◉努力いたします。

文字どおり努力することを表明する言い回し。「努めてまいります」よりも、努力するニュアンスが一層強い。

◉努力してまいります。

「努力いたします」がそっけなく感じる場合は、この言い方もできる。謙譲語「まいる」で謙虚さをプラス。

047

決意表明

皆様のご期待に添うべく

努力とは、やたらすればいいというものでもない。特にビジネスは、多くの人との関わりの中で成り立っているので、努力は自分のためだけでなく、**自分を支援してくれる人のために**行いたい。そのため「皆さんが期待するところに添う」ように「努力します」といった決意を表明するのがこの表現だ。

典型的な使われ方は、**何らかの役割を担うことになったあいさつ文**として、新しいポストについたり、役職についたりしたときなどに「皆様のご期待に添うべく、鋭意努力してまいります」などと言ったりする。

もちろんそれだけでなく、新装オープン、新規事業立ち上げなど、いろいろな場面で使うことができる。

もっと楽に使える表現として「皆様のご期待に応えられるよう」という表現もある。「皆様」の「好意」に応えたいときは「皆様のご厚情に報いるため」という言い方をする。

ここがポイント!

「自分を支援してくれる人のために」というニュアンスを表現する

例文

弊社では皆さまからのご要望にお応えするため、タブレット端末向けアプリを取り扱う事業部門を発足させ、6月1日より営業を開始する運びとなりました。

皆様のご期待に添うべく、一意専心、努力してまいります所存ですので、今後とも、変わらぬご指導、ご鞭撻いただけましたら幸いに存じます。

■ 覚えて便利! その他の表現

◉皆様のご期待に応えられるよう

支えてくれる人たちの期待に応じる表現。「期待に添うべく」とほぼ同じだが、こちらの方がやや楽に使える。

◉皆様のご厚情に報いるため

「厚情」とは親切な心のこと。支えてくれる人たちの好意に応える決意を表明する表現。

048

今後はこのような不手際のないよう

決意表明

「不手際」とは、物事の処理やできばえがよくないことを意味する。ビジネスでは、連絡漏れ、入力ミス、勘違いなどの些細な不手際が、納期遅延、誤発送などのトラブルに発展したりする。

こちらの**不手際で相手に損失を与えてしまった場合**に、謝罪のメールで「不手際」を「繰り返しません」と決意表明する際の決まり文句がこれだ。「今後はこのような不手際のないよう、厳重に注意いたします」といった使い方になる。

「このような不手際」と明言できるのなら、原因を追究し、**非がどこにあったのか自覚できている**ことになる。その姿勢を相手に伝え、納得させる材料になるだろう。

問題が好ましくない事柄の場合、「今後はこのような不祥事を起こさないよう」という言い方もある。また「今後はこのようなことのないよう」という言い方をすれば、詳しい内容にふれるのを避けることができる。

ここがポイント!

不手際を繰り返しませんと決意表明する決まり文句

例文

本来であれば、11月25日にお支払いすべきところ、支払いがなされていなかったのは、経理上の初歩的な入力ミスが原因であったことが判明いたしました。

御社には多大なるご迷惑をおかけいたしましたこと、深くお詫び申し上げます。**今後はこのような不手際のないよう**、厳重に注意いたします。何卒、ご容赦くださいますようお願い申し上げます。

■ 覚えて便利! その他の表現

◉今後はこのような不祥事を起こさないよう

不祥事は、好ましくない事件や事柄のこと。違法性のあるものや内外への影響が大きいものに使われる。

◉今後はこのようなことのないよう

トラブルを「このようなこと」でまとめてしまう表現。詳しい反省の内容にふれるのを避けるときにも使える。

049

厳重に注意いたします

決意表明

いざ、問題が発生して対応に当たっている中で、それでは今後どうするのか？について、決意表明しなければならない場面がある。その際に、よく使われる表現だ。

「厳重」とは、きわめて厳しい様、いい加減を許さないことを表す。「今後、このような不手際のないよう、厳重に注意いたします」と言えば、きわめて厳しく注意して、**同じ不手際を起こさないように**気をつけます、という意味になる。

緊張感を与え、組織として問題に取り組んで行く印象を与える。自分だけでなく、管理者が部下等へも注意を徹底させることを表明する意味でも使われる。

似たような表現に「万全の注意を払う所存です」がある。こちらは「完全で少しも手落ちのない」注意をしていくことを表明する。「完全」とまでは言わず「注意を隅々まで行きわたらせます」という意味なら、「注意の徹底を図ります」という表現もある。

ここがポイント!

きわめて厳しく注意していくことを表明する言葉

例文

８月１日付で納品しましたリチウム電池「RE-Ⅱ」に、一部不良品が混入していたとのご連絡をいただいた件、誠に恐縮に存じ、深くお詫び申し上げます。ただちに、代替え品を８月10日付で弊社担当者が直接お届けに上がるよう手配いたします。

今後は、二度とこのようなことがないよう、**厳重に注意いたします**。今回に限りお許しくださいますよう、お願い申し上げます。

■ 覚えて便利! その他の表現

◉万全の注意を払う所存です。

「万全の注意」は、完全で少しも落ち度のない注意の意味。「厳重に」よりも若干ゆるやかな表現。

◉～の徹底を図ります。

「徹底」は「よく行き届く」こと。「注意の徹底」なら注意が隅々に行きわたること。厳重や万全よりゆるやか。

Column

相手を怒らせない「お詫び」の極意

コラム 2

コミュニケーションツールとして便利なメールだが、こと謝罪において、その役割は「脇役」であると考えておこう。メールで来たクレームにはメールで答えてもよいが、電話やFAX、封書で来た件に対してメールだけで謝罪してはいけない。謝罪メールを出したら、その後の経緯を見つつ電話や封書に切り替え、場合によっては足を運んで謝罪することも必要だ。

謝罪の基本は、まず、事態をよく確認すること。そして、誠意をもって謝り、むやみに卑屈になることなく冷静に解決策を探る。そして、今後の善後策をしっかり提示し、誠意を見せよう。封書ならば、差出人には、しかるべき職位の者を検討するべきだ。

おわびに伺うときは、服装から気を付け、慎み深いものを選ぶ。華美なものや露出の多いものは控えて、紺やグレー、黒などダークな色合いのスーツがベストだ。持参する菓子折りは、深く重い反省の意を表すため、持ったときにズシリと重みを感じるものを選ぶとよい。羊羹やカステラなども適度な重みがあっていいだろう。相手方の近所で手に入るものを持って行くと、間に合わせた感じになってしまうのでNGだ。

相手のことを考えて、手間を惜しまずに、心を込めて謝罪をする気持ちと態度が大切だ。

第3章

依頼・承認・お願いを表す文例集

050

～していただけませんでしょうか？

依頼

ビジネスでは、社外や上司に頼みごとをするとき「～してください」とは言わない。これは、行為を直接お願いする表現であり、相手との関係次第では失礼になりかねないからだ。何かを頼む場合は、**相手に対し、してもらえるかどうか判断してもらう余地を与える**表現が好ましい。そのため、「～していただけませんでしょうか？」がよく使われている。

お忙しい中、お手を煩わせてしまうので「してください」とは言えない。差し支えなければお願いしたいので、してくださるかどうかお決めいただけますか、というニュアンスを入れ、決定権は相手に委ねる。**相手の意思を尊重している**ため、丁寧に聞こえるのだ。

「申し訳ありませんが」「大変恐れ入りますが」などの一言を加えるとなおよい。加えて、遠回しな表現は避け、お願いする理由を適切な表現で説明することで、何を頼みたいのか、なぜ頼みたいのかが端的に伝わるように心がけよう。

ここが ポイント!

相手の意思を尊重した依頼の丁寧な表現

例文

弊社では、秋の販促キャンペーンに向けて、無料配布グッズを検討中でございます。
貴社ホームページで拝見した「木の葉付せん」「紅葉シリーズ」は、大変可愛らしく、季節ともマッチしており、第一候補に挙げさせていただいております。

つきましては、お忙しいところ恐れ入りますが、詳しい資料をお送り**いただけませんでしょうか?**

■ 覚えて便利! その他の表現

◉~してくださいませんでしょうか?

同じく問いかけの、ポピュラーな表現。「いただく」が何度も続いた場合の選択肢のひとつとして使える。

◉~願えませんでしょうか?

こちらも同じく問いかけによる依頼の言い回し。いくつかの依頼が続くときのバリエーションとしても使える。

051

(〜いただきたく)お願い申し上げます

依頼

ビジネスシーンの中で何か頼みごとをするときは、**とにかく謙虚な姿勢をとる**ことが大事だ。誰もが忙しい日々の業務において、時間と手間をとってもらうのだから、直接お金が発生する行為でもない限り、本来は煩わしいだけのはず。「自分と相手の人間関係があるのだから」と考えるのは、言ってしまえば、甘えに他ならない。

だからこそ、**依頼するときのメールの文面も、できるだけ丁寧に書く**ことが大切だ。「お願いします」という表現を丁寧に言うと、「お願い」に謙譲語の「申し上げる」をつけて「お願い申し上げます」という言い方になる。依頼の表現の基本形だ。

依頼したい内容は「〜していただきたく」「〜してくださいますよう」「〜賜りたく」などの言葉を補って、前につける。強くお願いしたい場合は「切に」、謙虚さを強調したいなら「謹んで」など、バリエーションをつけることもできる。

ここがポイント!

謙譲語の「申し上げる」で丁寧に依頼する基本形

例文

このたび弊社では、販促キャンペーンの一環として「地域限定お菓子詰め合わせセット」を、アンケートはがき応募者から当選者を選んで送付することといたしました。その際の梱包材として、貴社製品「スマート梱包くん」の購入を検討させていただきたく存じます。

つきましては、下記条件のもと、お見積書を作成いただき、ご送付いただきたく**お願い申し上げます**。

■ 覚えて便利! その他の表現

◎ご依頼申し上げます。

少し堅い印象を与える表現。ちょっとした頼みごとではなく、正式な「依頼事」がある、と感じさせる効果がある。

◎切にお願い申し上げます。

「切に」とは「心から」「しきりに」「ぜひ」といった意味。「とっても」お願いしたいというニュアンスを伝える。

052

誠に厚かましいお願いとは存じますが

依頼

「厚かましい」とは、ずうずうしい、恥を恥とも思わないといった意味だ。他人に何かを頼む場合、相手には多かれ少なかれ負担がかかる。そのことを知っていて頼むのだから、当然、ずうずうしいということになる。だから「ずうずうしいということは承知の上ですが」といった意味になる。

文面の中では、**お願いごとを切り出すための導入**や、お願いごとの一通りの説明をしたあと、**話を締めくくりながら重ねてお願いをするときに使う**。依頼文をできるだけ丁寧にしたいときに役に立つ表現だ。「すみませんが」くらいのニュアンスで、儀礼上使われることもある。

相手に無理をかけてしまうことを承知の上で依頼を強めたいときには、「ご無理を承知で申し上げますが」と言う。相手にマイナスになるようなことを言わなくてはならないときには、「誠に申し上げにくいことですが」という切り出し方がある。

ここがポイント!

依頼を切り出したり重ねてお願いする際の言葉

例文

ご承知のように、昨今の長引くデフレにより、市場での価格競争は熾烈を極めています。結果、弊社製品も販売価格の見直しが避けられない情勢となっております。

そのため、まずは原材料の原価を見直すことになりました。つきましては、**誠に厚かましいお願いとは存じますが**、仕入れ値を８％値引きしていただけないでしょうか。

■ 覚えて便利! その他の表現

◉ご無理を承知で申し上げますが

相手に負担をかけることを心苦しいと感じているものの、「そこを何とか」と強めに依頼するニュアンスで使う。

◉誠に申し上げにくいことですが

「本当に言いにくいことですが」の意味。相手にとってマイナスになることを言うときに使う。

053

お伺いいたします

問い合わせ

忙しいビジネスパーソンを捕まえて何か問い合わせるなら、厚かましい態度をとってはいけない。相手は回答のために何らかの調査や確認の手間をかけることになるのだから、メールでの問い合わせにも、**お詫びや感謝の気持ち**を込めたいものだ。

「伺う」は「聞く、訪問する、問う」の謙譲語だ。「お伺いいたします」というフレーズは、**相手に、何事かを問い合わせるときのもっとも標準的な表現**だ。へりくだった表現なので、ソフトな印象になる。「お聞きしたい」というと、場合によっては失礼になる。より丁寧に「お伺い申し上げます」でもよい。

問い合わせの内容によって使い分けられる表現は、他にもいろいろある。在庫状況や支払いの有無など、ビジネスライクな内容なら「ご照会します」という表現がいいだろう。業務に限らず、一般的な内容まで幅広く使える「お問い合わせいたします」という表現もある。

ここがポイント!

何事かを問い合わせるときのもっとも標準的な表現

例文

先日ご紹介いただいた、貴社製品「パーセル職人」ですが、弊社のイメージとピッタリ合う商品と拝見し、現在、導入を検討しているところです。

つきましては、弊社への卸価格を**お伺いいたします**。
また、発注の際の最低ロット数がおありでしたら、併せてお教えください。

■ 覚えて便利! その他の表現

◉ご照会いたします。

「照会」とは問い合わせのこと。「貴社製品○○の在庫状況につきご照会いたします」などと使う。

◉お問い合わせいたします。

問い合わせの一般的な表現。ビジネス以外のことでも、内容を問わず、比較的、いろいろな場面で幅広く使うことができる。

054

折り返し、ご返事をいただきたくお願い申し上げます

問い合わせ

何かを問い合わせて、すぐに返事が欲しいときの、失礼にならない言い回しがこれだ。「返事をください」では、ちょっと直球すぎて、場合によっては失礼になる。「いただく」「申し上げる」と謙譲語を使い、へりくだって依頼したい。

「折り返し」というのは、返事などを間をおかずにすぐ行う様を表す。「すぐに返事をください」というと、せかしているニュアンスが強く、横柄な印象になってしまうが、「折り返し」なら、**間をおかずに返事が欲しい**ことをやんわりと伝えられる。

もっと柔らかい表現ならば、「ご回答いただければ誠にありがたい次第です」がよい。「返事をもらえれば助かります」というニュアンスだ。聞かれた人はビジネスなのだから、このような表現でも返事をしておいた方がいいと考えるはずだ。事態が差し迫っていたり、相手に非がある場合など強く要求したいときは「至急お知らせください」となる。

ここがポイント!

すぐに返事が欲しいときのやんわりとした伝え方

例文

さて、先日発売開始となりました「脳トレノート」ですが、非常に人気が高く、すでに品薄状態でございます。お問い合わせも多く、早急に追加入荷をお願いしたく存じます。

つきましては、水曜日までに20ケース取り寄せたいのですが、貴社における在庫状況はいかがでしょうか。**折り返し、ご返事をいただきたくお願い申し上げます。**

■ 覚えて便利! その他の表現

◎ご回答いただければ誠にありがたい次第です。

右の例よりも、やんわりとした表現。「返事をもらえるとありがたいです」といったニュアンスになる。

◎至急お知らせください。

これは、だいぶ強い表現だ。相手方の不手際によるトラブル対応等での問い合わせなどで使うことがある。

055

いかがでしょうか

問い合わせ

「いかが」とは、「どう」のかしこまった言い方だ。つまり、「どうでしょうか」ということを意味する。**相手方の状況を尋ねたり、思うところを聞いたり**と、幅広く使える表現だ。

婉曲に伺いたてるような印象があり、返事を聞きたいと要求する感じを弱めて、「こちらは返答をお待ちしますよ」という態度をにじませることができる。「プロジェクトの進捗はいかがでしょうか」「提出させていただいた企画書はいかがでしょうか」など、こちらの関心事を尋ねたり、「生産ラインストップとのことでしたが、その後、いかがでしょうか」「おかげんの方はいかがでしょうか」などと相手の状況を案じつつ問い合わせたりするような使い方もできる。

事態の推移や結果に対する関心までも含めた「いかがなりましたでしょうか」という言い方もある。相手方を問いただすような「いかが相成っておりますでしょうか」という表現もある。

ここがポイント!

相手の状況や思うところを聞く一般的な表現

例文

このたび、関西地域にも業務を拡大することとなり、この機会にぜひとも御社とのお取引をお願いしたく、お申込みする次第でございます。

改めて今週中に御社にお伺いし、ご挨拶させていただきたいと考えておりますが、秋山さまのご都合は**いかがでしょうか**?

■覚えて便利! その他の表現

●いかがなりましたでしょうか。

「なりました」を加えることで、事態の推移や結果までを含めて問う。状況の推移への強い関心を感じさせる表現だ。

●いかが相成っておりますでしょうか。

「相成る」は「なる」のかしこまった表現。先方を問いただすようなニュアンスを出すことができる。

056

了解

～の件、承りました

新規取引、価格改定、納期延期、支払方法変更、注文などの依頼や申し込みを承諾する際は、その旨を明確に伝える必要がある。「承る」は、「受ける・引き受ける」のへりくだった表現で、「謹んで受ける」といった意味になる。元来は「受け―たまわる」で、「受ける」に「たまわる」という最上敬語がついた、非常に丁寧な表現だ。「～の件、謹んでお受けします」といった意味になり、事務的で、かしこまった感じを与える。メールの文章中では「ご依頼の件、承りました」のような使い方になる。

表現は簡単だが、一たび承諾すれば責任が生じるので、使うときは慎重にしたい。**承諾するのはどこまでなのかをはっきりと伝えよう**。

かしこまった印象を強く出さず、実用的な受け答えができる「～の件、承知いたしました」や、相手方の事情を飲み込んでから引き受ける際の「～の件、了承いたしました」といった言い回しもある。

ここが ポイント!

「謹んで受ける」ときに使うかしこまった表現

例文

日頃は、大変お世話になりありがとうございます。シンコー物産株式会社・販売企画部の戸田良男でございます。

さて、4月2日付のメールによる、弊社「スマトラの潮風」(商品番号SW0810)のご注文を頂きました**件**、確かに**承りました**。誠にありがとうございました。

■ 覚えて便利! その他の表現

◉~の件、承知いたしました。

用件を引き受ける場合の簡潔な表現。改まった「承る」よりも簡潔で、ビジネスライクな印象を与える。

◉~の件、了承いたしました。

相手方の「要望」を理解し、承知する言い回し。「事情を飲み込んで」といった意味合いが強くなる。

了解

057 お役に立てれば幸いです

何らかの頼みごとを引き受けるとき、「承りました」だけでは、いささか素っ気ない感じがすることがある。**こちらを信頼して、頼みごとをしてくれた相手の気持ちに応える**一言を何か添えたい。そんなときに使いやすいのが、このフレーズだ。

意味合いとしては、私が頼みごとを引き受けることで、あなたのお役に立つことができるのなら、私にとっても幸せに感じます、ということだ。「やってあげる」という上から目線ではない、**謙虚に承諾する姿勢を印象付ける**ことができる。

同じような気持ちで承諾することを表現するには、「ご期待に添うことができれば幸いです」という言い方もある。

もっと積極的に承諾する姿勢を表現するには「喜んで～させていただきます」というフレーズもある。また「相手を助ける」というニュアンスを込めた「お力になれれば幸いです」という表現も、よく使われる。

ここがポイント!

承諾するときに添える、相手の気持ちに応えるひと言

例文

店舗を全面リニューアルされるとのこと、貴社のますますのご発展、誠に喜ばしく存じます。

お申し込みの新システム導入のための資金ご融通の件、確かに承りました。平素から、何かとご支援を賜っております貴社からのご依頼ですので、微力ですが、**お役に立てれば幸いです**。

■ 覚えて便利! その他の表現

◉喜んで〜させていただきます。

喜びと感じるくらい積極的に承諾する姿勢を表現する。「喜んで協力させていただきます」のように使う。

◉お力になれれば幸いです。

この場合の「力」は「たよりとするもの」の意。「役に立つ」よりも、もう少し積極的に関与するニュアンスが出るだろう。

058

恐縮しております

恐縮

「恐縮」とは、身が縮まるほど恐れ入ること。**相手から好意を受けたときのありがたい気持ちや、相手に迷惑をかけてしまったときの謝罪の気持ちを補強する**ときに使う。

例えば、相手から多大にお世話になったとき、「お世話になり、ありがとうございます」だけでは、物足りない気がすることがある。そのような場合は「お世話になり、大変恐縮しております。ありがとうございます」とすれば、感謝の度合いが大きくなる。謝罪の場合は「ご迷惑をおかけしたこと、誠に恐縮しております」といった言い方になる。

「恐縮」という言葉がやや堅苦しい感じがして使いにくい場合は、「恐れ入ります」でもいい。敬意の高さは同じくらいだが、やわらかい印象になる。「恐縮」をもっと強めたい場合は「恐縮至極に存じます」。迷惑をかけたことに対して、非常に恐れ入る気持ちを表す「心苦しい限りです」という言葉もある。

ここがポイント!

ありがたい気持ちやお詫びの気持ちを補強する

例文

2月10日付でご注文いただきました「どこでもラベル」（発注No.5337）が未着とのご連絡をいただき、大変**恐縮しております**。

社内で調査いたしました結果、商品管理部の手違いによるものと判明いたしました。お急ぎのところ多大なご迷惑をおかけし、誠に申し訳ございません。

■ 覚えて便利! その他の表現

◉恐れ入ります。

恐縮とほぼ同じ意味。感謝の気持ちやお詫びの気持ちを表現する。堅苦しい「恐縮」に比べ、やわらかい印象になる。

◉心苦しい限りです。

「心苦しい」は、恐縮の意味でも、相手に対して申し訳ないというニュアンスが強い。多大な厚意を受けたときなどに使う。

059

お忙しいところ恐れ入りますが

恐縮

相手に何か手間をとってもらうときに決まって使うのが、このフレーズだ。

ただでさえ忙しいビジネスパーソンに、こちらの都合でお願いごとをして、時間をとってもらうのだ。そのことに恐れ入る態度を表明しつつ、用件を伝えるという流れになる。具体的には「お忙しいところ恐れ入りますが、ご協力いただけますようお願いいたします」といった使い方になる。

相手はこのフレーズを聞くと、「あ、何か頼まれるな」と気づく。相手が本当に忙しいかどうかはわからない場合もあるが、繁盛している会社はきっと忙しいはずなので、**社交辞令の意味も込めて**「お忙しいところ」というのが慣例だと思っていい。

ほぼ同じ意味だが、より形式張った「ご多用中まことに恐縮でございますが」という言い方もある。より日常的に使われる表現としては「ご多忙のところ申し訳ありませんが」という言い方もある。

ここがポイント!

手間をとってもらうことに対し恐れ入る態度を表明する

例文

弊社では、品質向上、お客様へのサービス向上につなげるために、お届けしている商品やスタッフの接客対応に関しまして、アンケートを実施する運びとなりました。

お忙しいところ恐れ入りますが、添付のアンケートフォームにご入力の上、10月1日までにご返送いただきたくお願い申し上げます。

■ 覚えて便利! その他の表現

◎ご多用中まことに恐縮でございますが

「ご多用中」は「お忙しいところ」とほとんど同じ意味だが、より形式張った文面などで使われることが多い。

◎ご多忙のところ申し訳ありませんが

右の例とほぼ同じ。「申し訳ありません」で恐縮の気持ちを表す。依頼事で日常的に使われる表現。

060

僭越《せんえつ》ながら

恐縮

「僭越《せんえつ》」とは、自分の身分、地位を超えて出過ぎたことをするという意味だ。「私は、そのような立場にありませんが」と恐れ入りつつ、「それは承知の上であえて」というニュアンスを込める表現が「僭越ながら」だ。**目上の相手に意見を述べる**場合などによく使われる。

例を挙げると「僭越ながら、ご意見申し上げます」「僭越ながら、私はA案がよいと存じます」といった使い方をする。僭越ながらといいつつ、立場を超えた行動に出るのだから、本当の意味では、それほど恐縮はしていないのかもしれない。ともあれ、ビジネスの場で慣用的によく使われる表現だ。

「身分・地位を超えて」に関わらず、例えば「部外者の自分が差し出がましいですが」というような場合のために「出過ぎた真似をするようですが」という表現もある。最大限の恐縮を込めた表現として、「恐れ多いことですが」という言い方もある。

ここがポイント!

自分の身分、地位を超えて出過ぎたことをするときに使う

例文

平成25年11月13日、大宮工場にてベルトコンベアが故障し、生産ラインが一時停止する事故が発生いたしました。原因は部品の経年劣化によるものと判明したと聞いておりますが、事前に点検を行っていれば、防ぐことのできたはずの事故だと存じます。

そこで、**僭越ながら**、始業前の点検項目について、私からご提案申し上げます。

■ 覚えて便利! その他の表現

◉出過ぎた真似をするようですが

「出過ぎる」は、差し出がましいという意味。「身分・地位」を超えるニュアンスを込めたければ「僭越」を使う。

◉恐れ多いことですが

「恐れ多い」とは、高貴な人に対して礼を失し大変申し訳ないという意味。この上ない恐縮の意を表す言葉だ。

061

お断り申し上げます

断り

値引き、値上げ、融資、取引条件変更、注文、新規取引など……。様々な依頼を断らなければならないときがある。そのようなときは、相手に納得してもらいつつ、断りの意思ははっきりと伝えなければならない。そんなときに**断りを丁寧かつはっきりと伝える表現**がこれだ。「ご依頼の件、まことに残念ですが、お断り申し上げます」という使い方になる。通常、左の例文のように、相手からの依頼内容をはっきり明示してから断りをする、というのが通常の話の運び方になる。

単刀直入な表現なので、相手との関係も考慮して、「まことに残念ですが」や「まことに恐縮ではございますが」のようにことに恐縮、お詫びの言葉などを入れるとよい。

また「弊社ではお断りしております」という言い方をすると、自分の判断ではなく、会社として断る決まりになっているというニュアンスを込められる。営業などを拒絶する「結構でございます」という表現もある。

ここがポイント!

断りを丁寧にかつはっきりと伝える表現

例文

さて、10月20日付の貴信の融資ご依頼の件、確かに拝読いたしました。

平素から、格別のご厚意を賜っている御社のお申込みゆえ、なんとかお力添えできないかと思案いたしましたが、弊社も資金繰りに難渋している状態でございます。

誠に心苦しい限りではございますが、今回は**お断り申し上げます**。

■ 覚えて便利! その他の表現

◉必要としておりません。

「必要ない」という言葉を使って拒絶の意思を示す。営業の案内などを断る場合に使うことが多い。

◉結構でございます。

ここで使う「結構」は「それ以上は望まない」という意味。勧誘や営業などに対して断わりの意を伝える。

062

謹んでご辞退させていただきたく存じます

断り

「辞退」とは、申し出に対して、へりくだって断ること・断って引き下がること・遠慮することを意味する。**何かの役に任命されたり勧められたりした場合などに、相手からの申し出を断るときによく使われる表現**だ。丁重で謙虚な表現であり、「遠慮させていただきます」というニュアンスが込められる。頭に「謹んで」をつけることで、さらに丁寧になる。

「この度のニューヨーク研修の件、誠にありがたいお話ですが、謹んでご辞退させていただきたく存じます」のように、本来であれば喜んで受諾するはずのものを断るときに使うことが多い。

これとよく似た表現に「ご遠慮させていただきます」という言い方もある。こちらは、懇親会への出席など、ささやかな申し出に対して断りを入れるような場合によく使う。スピーチなどを頼まれて、辞退したいときは「ご勘弁いただきたく存じます」といった言い方をしてもよいだろう。

ここが ポイント!

相手からの申し出を丁重に謙虚に断る表現

例文

さて、私ども夫婦に媒酌をとのお話、身にあまる光栄と存じます。本来なら、喜んでお引き受けすべきところとは思いますが、私のごとき未熟者では、かえってご迷惑をおかけすることにもなりかねません。

せっかくのお申し出ではございますが、この度の大役は、**謹んでご辞退させていただきたく存じます**。

■ 覚えて便利! その他の表現

◉ご遠慮させていただきます。

「遠慮」とは「辞退」すること。右の例に比べ、招待を断るなど、ささやかな事柄に使われることが多い。

◉ご勘弁いただきたく存じます。

ここでの「勘弁」は、本来すべきことを免除すること。スピーチなど、依頼されたことを辞退するときに使う。

063

誠に残念ではございますが

断り

「残念」は、希望に反して実現されないことに対して、心残りであることを意味する。**断りのメールに添えられる**、お決まりのフレーズだ。

断るのは本意ではない。本当は承諾したいのだけれど、**やむを得ずお断りする**。こうした気持ちを相手方に伝えて、「素っ気なく断った感」を薄める効果が期待できる。

同じような表現に「残念ながら」があり、こちらの方が、やや軽い表現となる。従って、断る内容の重みによって、双方を使い分けるのがよい。「誠に残念ではございますが」を軽い内容に使うと、少々オーバーに聞こえるかもしれない。

同じように、断ることが自分の本当の希望とは異なるということをよりストレートに伝える表現に「まことに不本意ながら」がある。また、断ることにためらいを感じており、そのことを詫びる表現を添えるのが「申し訳なく存じますが」という言い方だ。

ここがポイント!

本当は承諾したいのだけど、やむを得ずお断りするという表現

例文

さて、7月8日付貴注第24号の品、ご希望に添うべく尽力いたしましたが、部品調達の可否、人員の確保などを鑑みますと、9月10日までの納品という条件では、ご納得いただける品質を確保することが難しい状況でございます。

誠に残念ではございますが、ご注文はお受けいたしかねる次第でございます。何卒、ご了承のほどお願い申し上げます。

■ 覚えて便利! その他の表現

◉まことに不本意ながら

「不本意」とは、自分が本当に望んでいることとは異なること。「残念」よりも「やむを得ず」というニュアンスが強まる。

◉申し訳なく存じますが

「申し訳なく」を使い、依頼を断ることを詫びる気持ちを表現する。「本来はお力になりたいが、しかたなく」というニュアンスを込める。

064

断り

せっかくのお申し出ではありますが

お断りはするのだが、むげに断るのは気が引ける。せめて、お申し出をしてくださったことに感謝の気持ちを表したい。そんなときに添えるのがこの表現だ。

「お申し出」は、自分の意向・希望・注文などを進んで伝えること。「せっかく」は、骨を折って、苦心して、わざわざ、つとめて、といった意味になる。

「骨を折って、わざわざ、ご自分の意向を伝え、私に期待していただいたのですが」と、**感謝の気持ちと詫びる気持ちを込めて、断りの文面へとつなげる**流れだ。「せっかくのお申し出ではありますが、お引き受けすることができません」という運びになる。

特に「依頼」に絞って感謝する場合は、「せっかくのご依頼ですが」という言い方ができる。感謝したい気持ちを表す「ありがたい」という言葉を使って、「ありがたいお申し越しですが」と言い、感謝の気持ちをより前面に出す言い方もある。

ここがポイント!

申し出をしてくれたことに感謝の気持ちを込める表現

例文

さて、このたびは弊社とのお取引の申し込みをいただきまして、誠にありがとうございました。

さっそく、検討させていただいた結果、**せっかくのお申し出ではありますが**、このたびはお断り申し上げます。と申しますのは、貴社お申し越しの条件は、弊社取引条件に照らし合わせますと、いささか開きがあるからでございます。

■ 覚えて便利! その他の表現

◉せっかくのご依頼ですが

「依頼」という言葉を使い、言葉通り「依頼」に対する謝意を伝える。やや事務的な印象を残すかもしれない。

◉ありがたいお申し越しですが

「お申し越し」は「お申し出」と同じ意味。「ありがたい」を使って、感謝の気持ちをよりアピールできる。

065

断り

何卒事情をご賢察《けんさつ》のうえ

賢察《けんさつ》とは、「推察」の尊敬語だ。「どうか、こちらの事情を察していただき」といった意味になる。**お断りをするのだけれど、こちらの事情を察して、どうか理解をしてほしい**という話の運びになる。

具体的には「何卒事情をご賢察のうえ、この度はお断り申し上げる由、ご理解いただければと存じます」というような使い方になる。

断りのメールに限らず、**依頼やお詫びをする場合にも、そこに至る事情を理解してもらいたい場合によく使われる**表現だ。

ただしビジネス文書の常套句であるため、形式的なものと捉えられることもある。「賢察」という言葉が、少し硬い感じがするときは「何卒事情をお察しいただき」という言い方でもいい。意味はほとんど同じだが、やわらかい印象になる。「事情をお汲み取りいただき」という言い方でも同じ意味になるが、言葉の使い方に慣れている印象になる。

ここがポイント!

こちらの事情を察して理解してほしいときの表現

例文

さて、3月5日付貴信拝見いたしました。支払日前のお支払いのお申し越しの件ですが、誠に心苦しいのですが、今回はご期待に添うことができません。何とかお役に立てればと検討を重ねましたが、当社も新設備導入のため資金繰りに難渋しており、余裕がありません。**何卒事情をご賢察のうえ**、ご了承いただきますようお願い申し上げます。

■ 覚えて便利! その他の表現

◉何卒事情をお察しいただき

右の例とほとんど同じ意味だが、固すぎず、ノーマルな印象になる。普段使いにはこちらが向くだろう。

◉事情をお汲み取りいただき

「汲み取る」は「おしはかる」の意で、「察する」とほぼ同じ。言葉をよく知っている印象になるだろう。

066

いかがいたしましたでしょうか

催促

催促をするときに、よく使われる表現だ。この表現だけでは「早くしてください」ということは、直接言っておらず、状況を聞いているだけだ。しかし、このフレーズを「お品物がまだ届いておりませんが、いかがいたしましたでしょうか」と、いまだ達成されていない事柄に続けて述べることで、**遠回しの催促の表現**になる。相手の事情がわからない状況で、「催促」をにおわせつつ問い合わせをするような使い方になる。

借金の返済、商品の発送、仕事の進行など、あらゆる「催促」のシーンに使うことができる便利な表現だ。

「いかが」と同義の「どのように」という言葉が使われることもある。「その後どのようになっているのでしょうか」というのは、進行状況に危うさを感じて、様子見をするときに使われる言い回しだ。「いかが相《あい》なりましたでしょうか」は、こちらが待ちかねている様子を感じさせるときに使われることが多い。

ここがポイント!

遠回しに催促をするときによく使う表現

例文

5月20日をもってご注文申し上げました表記商品30ケースにつきまして、6月10日必着にてお願いいたしましたが、現時点で未だお受け取りいたしておりません。**いかがいたしましたでしょうか**。弊社といたしましても、お客様への納期が近づいており、準備等々急がねばなりません。至急善処くださるようお願いいたします。

■ 覚えて便利! その他の表現

◎その後いかがでしょうか。

「いかが」は「どのように」の意味。進行状況に危うい点がないか、様子見するようなときに使われることが多い。

◎いかが相《あい》なりましたでしょうか。

「もうそろそろ結果がでてもいいのでは」と、こちらが待ちかねている様子をにおわせる表現。

067

催促

当方～の都合もございますので

この表現は、相手にこちらの事情を伝え、催促している事柄が履行されないと困る、という状況を知ってもらうための言い回しだ。

事情がわかれば、人は動くこともある。例えば、ただ催促をしているだけでは「どうせ体面上だけでしょ」と高をくくられてしまうような場合も、「○月○日にイベントがあって、この日に間に合わないと無駄になる」などと、**履行されないと困る状況を伝えることで、相手の良心に訴えかける**ことができる。～の部分には、「プロジェクト進行上」「得意先への納期」「資金繰り」「帳簿整理」など様々なものが入りうる。

「都合」という言い方は、まだ遠回しだが、よりダイレクトな言い方として「弊社といたしましては資金繰りなどに困りますので」と、「困る」に言及する言い方もある。「お客様への対応に苦慮している次第です」のように、どうするか悩んでいる状況を伝える表現もある。

ここがポイント!
こちらの事情を伝えることで相手の対応を促す

例文

さて、4月10日に貸出いたしましたフェアへの展示商品「○○○」について、返却期限の5月末日を過ぎても、ご返却いただいておりません。

お貸し申し上げた商品は、この後、関西のフェアに出品する予定になっております。**当方、準備の都合もございますので**、早急にご返却いただけますよう、お願い申し上げます。

■ 覚えて便利! その他の表現

◎弊社といたしましては~などに困りますので

はっきりと「困る」ということを伝える表現。こちらが困る状況を伝えて、相手の善意に訴え、迅速な対応をうながす。

◎~に苦慮している次第です。

「苦慮」は、心配して、どうするかいろいろ悩むこと。「お客様への対応に~」のような使い方になる。

068 既に大幅に日時を経過しております

催促

「日時を過ぎている」という事実を相手に自覚させ、催促につなげる表現だ。具体的には「お約束の期日から、既に大幅に日時を経過しております」といった使い方になる。

過ぎた日数を仮に「3日も」などと具体的に示しても、受け取り方には個人差がある。そこで、こちらにとってはかなり過ぎてしまったと感じている**「大幅に」という表現を使うことで、相手にプレッシャーを与える**ことができる。

日数を具体的に示す場合は「既にお約束の期限はもう3日も過ぎております」という言い方をするとよい。「お約束の期限」という言い方は「期日」よりもやわらかだが、「約束」した事実を念押しすることができる。

また、出したその日に届くメールでは、「本日3月10日に至りましても、未だ入金されず大変困惑しております」のように当日の日付を使って、過ぎた日数を認識させることもできる。

ここがポイント!

日時が過ぎていることを自覚させ催促につなげる表現

例文

8月10日付をもって注文いたしました「エコラスECL-3」20ケースにつきまして、9月5日必着を条件にお願い申し上げましたが、未だ到着しておりません。**既に大幅に日時を経過しております**。いかが、相成っておりますでしょうか。

■ 覚えて便利! その他の表現

◉既にお約束の期限はもう○日も過ぎております。

期日から何日過ぎたかを具体的に示す表現。「当初の締め切りを○日も～」という言い方もある。

◉本日○月○日に至りましても

本日○月○日と、リアルタイムで日付を入れることで、メールの即応性を活かして、本来の期日からの経過を意識させる。

069

大変困惑いたしております

催促

催促しなければならず、**いよいよ差し迫って困っているこちらの状況を直接的に伝える表現**だ。相手の良心に訴えて対応を促し、もう遠回しな表現をしている場合ではない状況であることを伝える。

「困惑」というのは、困ってどうしたらよいかわからなくなることだ。こちらの当惑ぶりを訴えるのによく使われる言葉で、**再三にわたる催促にも応じてもらえないようなケースで用いられる**。具体的には「なんらのご連絡もいただけず、大変困惑いたしております」のように使う。

「困惑」という言葉で困っているこちらの心境を伝えるほかに、「状況がよくない」ことを伝える場合は「不都合をきたしております」という言い方ができる。

また、いよいよせっぱつまって、どうにもならなくなっている状況であれば、「途方に暮れております」という切実な言葉を使って、困っている現在の状況を訴えるといいだろう。

ここがポイント!

差し迫って困っている状況を直接的に伝える表現

例文

去る、6月10日付発注No.1332にて注文いたしました「エコ型レーザープリンターELP110C」は、6月20日までに納入くださるよう依頼いたしましたが、本日になってもいまだ着荷せず、**大変困惑いたしております**。

只今の状況につきご調査いただき、未発送の場合は、大至急お送りくださいますようお願い申し上げます。

■ 覚えて便利! その他の表現

◉不都合をきたしております。

「不都合」とは、都合・具合が悪いこと。相手の対応が滞っていることで「よくない状況になっている」ことを伝える。

◉途方に暮れております。

「途方に暮れる」は、どうしたらよいかわからないという意味。手の打ちようがなく困っているという状況を伝える。

070

迅速に〜くださるよう、お願い申し上げます

催促

「迅速」とは、きわめて速いこと。これは、**直接的に催促するときに使うべき表現**だ。遠回しに催促するのではなく、ストレートに「〜してください」と求める。迅速で速やかな対応を要求する、行動を急がせる場合の言い方だ。

きわめて重要なことや、対応不能となるデッドラインがせまっているような、催促レベルの高いときに使うことが多いだろう。反対に、これを言われたら、心してかからなければならない。「迅速にご提出くださるよう、お願い申し上げます」のような使い方をして、催促する内容も具体的に示そう。

「メール」という通信手段の持つ特性を催促に使う手もある。「本メール着信後、即刻〜ください」といえば、メールの即時性から、受け取った方は「ドキッ」とする。また、強い催促の表現としては「誠意ある対応をしていただきますよう、お願い申し上げます」という言い方もある。

ここがポイント!

迅速で速やかな対応を要求する際の言い方

例文

去る7月5日付にて発注いたしました「折りたたみ式キーボードFK10」30個につきまして、7月28日に納品いただけるお約束でしたが、8月1日現在も未着となっております。その間、再三にわたり、ご連絡申し上げましたが、納得のいくご回答をいただいておりません。**迅速にご対応くださるよう、お願い申し上げます**。

■ 覚えて便利! その他の表現

◎本メール着信後、即刻～ください。

メールは、通常、すぐに着くものだ。たった今、相手がクリックしたという即時性はプレッシャーになりうる。

◎誠意ある対応をしていただきますよう、お願い申し上げます。

強い催促の表現。進行が遅れているにも関わらず、相手に誠意が見られないという抗議の気持ちも込めて使われる。

071 ～のない場合は最後の手段をとることにいたしますので

催促

幾度の催促にも関わらず、なしのつぶてで、応じてもらえない場合に使う表現。

いわば、最後通牒だ。ここでいう「最後の手段」とは、一般的な通念としては「法的手段」を意味する。法的手段が出てくるなら、この催促の対象は債務の履行ということになろう。

具体的には「ご返済のない場合には、遺憾ながら最後の手段をとることにいたしますので、ご承知おきください」といった使い方になる。この言葉は、相手方にとって相当なインパクトになる。慎重に検討したうえで使うようにしよう。

こうした督促状は、法的手段に訴えた場合の証拠になる。**脅迫ととられる文言は、こちらの不利になってしまうこともある**ので、慎まなければならない。

同様の表現では「相応の手段をとらざるを得ませんので」という言い方もある。また「何らかの処置をとらざるを得ませんので」と言えば、法的手段のみより少し範囲が広い印象になる。

ここがポイント!

法的手段を予告する最後通牒の表現

例文

さて、2月5日付でご請求申し上げた文房具用金型の代金(請求書番号423)でございますが、未だ、ご入金確認がとれておりません。この間、電話、書状等で重ねてお願い申し上げましたが、何らお返事をいただけませんでした。

つきましては、3月15日までにご入金**のない場合は、最後の手段をとることにいたしますので**、ご承知おきください。

■ 覚えて便利! その他の表現

◉相応の手段をとらざるを得ませんので

「相応の手段」は法的手段のことを意味する。「とらざるを得ない」で、他の手段がもうないということを伝える。

◉何らかの処置をとらざるを得ませんので

「何らかの処置」はほぼ法的手段をとる段階にきていることを示すが、若干、他の手段の余地を残す印象になるだろう。

072

承服いたしかねます

抗議

相手側の言っていることに納得できず、従うことはできないという意味の表現だ。承服とは、相手側の主張することに、承知して従うこと。肯定的に使われることはあまりなく、左の例文のように、抗議や苦情、断りの文面の中で使われることが多い。

具体的には、「何らのご説明もなく販売中止というのは、当方としては承服いたしかねます」といった使い方になる。「します」のへりくだった表現「いたします」を使ったかしこまった言い方だが、**簡単に譲ることのできない抗議の意思を相手方に伝えたい**ときに使う。

「承服」という言葉は普段は使わないので、ただならぬ状況という印象も与えられる。それに対して「納得しかねるところです」というと、日常的に使われる「納得」という言葉なので、抗議の程度はやわらぐだろう。こちらの困っている状況を伝えて抗議する「困惑する限りです」という言い方もある。

ここがポイント!

相手の主張に納得できず、従うことはできないという意味

例文

ご承知の通り本契約は、貴社からの申し出によるものであり、貴社開発担当者とともに、協議を重ねてプランを立て、原材料の仕入れ、生産ラインの構築等々、滞りなく進捗していたところでございます。これらを考慮しますと、弊社としましては、何ら明確なご説明もいただけず製造中止というのは**承服いたしかねます**。

■ 覚えて便利! その他の表現

◉納得しかねるところです。

「納得」は、理解し得心すること。「承服」よりも日常的な言葉である分、やや、抗議の程度がやわらぐ印象になるだろう。

◉困惑する限りです。

「困っている」というこちらの状況を伝え、相手の良心にも訴える形で抗議を表明する。

073

しかるべき善処方《ぜんしょほう》をお願い申し上げます

抗議

抗議や苦情を申し入れる際、相手にきちんとした対応を求める言い回しだ。「しかるべき」は「そうするのが当然だ」という意味。「善処」は、物事をうまく処理すること。この一文では「当然とられるべき対処をきちんとして、うまく処理して欲しい」という意味合いになる。「方」は「〜すること」の意味。「ご調整方お願いいたします」などと使ったりする。

この表現の裏側には「当然、とられるべき対処がきちんととられていない」という不満がある。不可抗力で発生したトラブルというよりも、**対処が不適切なために、ことここに至っているという気持ちをにじませた表現**だ。

特に「早さ」を強調する場合は、「早急な対処をお願い申し上げます」という言い方をする。「対処」の場合、目の前の事柄への即応という印象があるが、「方策」を講じることを求める場合の「しかるべき対策をここに申し入れる次第です」という言い方もある。

ここがポイント!

きちんとした対応を求める場合の言い回し

例文

先日、当店でお買い上げいただいたお客様から、内容物の漏れ出しや変質のご指摘をいただきました。早速、当店で残りの製品を検査したところ、包装に穴が開いているものが多数見つかり、全品回収の措置をとりました。

つきましては、貴社に、全品ご返送申し上げますので、早急に原因を調査のうえ、**しかるべき善処方をお願い申し上げます**。

■ 覚えて便利! その他の表現

◎早急な対処をお願い申し上げます。

「しかるべき」は当然だが、「早さ」を特に求めている場合の言い方がこれ。「迅速な」に置き換えることもできる。

◎しかるべき対策をここに申し入れる次第です。

「対策」は状況に応じてとる方策。「今後の対策」といった長いスパンを視野に入れる印象を与える表現だ。

074

抗議

万一期日までにご回答のない場合には

抗議のメールでよく使われるフレーズだ。何かしらの回答を求めるくだりで、その回答が得られない場合に「何らかの対応をしますよ」と予告する際に使う。「万一期日までにご回答のない場合には、しかるべき措置をとることになろうかと存じます」という形で、「場合には」に続けて、こちら側がとる対応について述べる運びになる。

どのような対応になるかは状況にもよるが、**法的手段の場合も十分にありうる表現**だ。「万一」が頭につくことで「よもや、そんなことはありませんよね」というニュアンスが加わり、よりプレッシャーを与えられる。

回答ではなく、相手がどんな対応をとるかを見極めて、それ次第では、ということを表現したい場合は「今後の推移次第では」という言い方がある。事態が最悪なものに陥ったら、ということを表現する場合は、ずばり「最悪の場合には」という。

ここがポイント!

回答が得られない場合に何らかの対応を予告する表現

例文

何ら、納得のいくご回答をいただけず、はなはだ遺憾に存じます。必ず責任あるご回答を５月末日までにいただきたく書面をもって、申し入れさせていただきます。

なお、**万一期日までにご回答のない場合には**、やむをえず、しかるべき措置をとることになろうかと存じます。念のため、申し添えておきます。

■ 覚えて便利! その他の表現

◉今後の推移次第では

「推移」というのは相手の対応による事態の移ろいを主に指す。「今後の貴社の対応によっては」という意味合いになる。

◉最悪の場合には

文字通り「最悪の場合」。できることなら使いたくない表現だ。後に続くのは、取引停止や法的措置が予想される。

075

抗議

法律上の手続きをとる所存にございます

法的手段に出ることを、遠回しな表現などは使わず、**単刀直入に伝える場合の表現**だ。正真正銘の最後通牒といえる。起こったトラブルは、もう法的手段によらないと解決できない、事態ここに至れりという場合に使われる。婉曲表現では生ぬるい、誰が相手でも100%通じる直接的な表現だ。受け取った相手も、こうなると「ついにここまで来たか」と思うだろう。だから、こちらも、メールを送る決断は慎重にすべきだ。

ここまで深刻な抗議となると、通常はメールだけで行うことは考えられない。ただ、**即時性を活かして、書面と組み合わせる**ことは考えられるだろう。以降のやりとりは、メールで行うのは不適切だ。「法律上の手続き」という言葉よりも、より固い印象のある「法的措置」という言葉を使った方が、強硬な印象になる。ビジネスにおいては、最悪の結果である「取引停止」という言葉を使う方法もある。

ここがポイント!

法的手段に出ることを単刀直入に伝える場合の表現

例文

したがいまして、遺憾ながら平成26年２月10日までに、上記残金をお支払いいただきますよう催告いたします。

万一履行いただけない場合は、**法律上の手続きをとる所存にございます**。その旨、ご承知おきください。
至急、善処されるようお待ち申し上げております。

■ 覚えて便利! その他の表現

◉法的措置に訴えることになろうかと思われます。

「措置」とは、必要なとりはからいをすること。右の例よりも訴訟等を想起させ、厳しい印象を与えるだろう。

◉取引停止を選択肢に入れざるを得ないと存じます。

ビジネスにおける最悪の結果である、取引停止を視野に入れた表現。強い態度を表明する。

Column

相手を動かす！「依頼」の常套手段

コラム 3

依頼メールは、こちらの都合で相手に頼みごとをするのであるから、「丁寧さ」が大事だ。件名・主文ともに丁寧な表現を心がけ、件名は「〜のお願い」とするとよい。依頼内容は、受け手が確認しやすいよう、箇条書きにまとめる。

さらに、依頼の内容によって２種類に分けて考えるとよい。まずは、見積もり依頼、仕事の発注など、相手の業務に関する事柄だ。丁寧ながらも、依頼内容が正確に伝わるように、ある程度事務的でもよい。期限は日付で示し、依頼した作業を行ってもらうための情報を具体的に箇条書きする。

もう一つは、参考資料を送ってもらうなど、相手の業務に関係のない依頼だ。こちらは、より一層の丁寧さが求められる。依頼メールを送る前に、電話であらかじめ趣旨や理由、依頼内容を伝えておき、依頼メールは確認の意味で送る。送った後には、再度、説明のための電話をしよう。

交渉ごとは、内容によっては、相手が即 OK となるものばかりではない。そのような場合に備えて、代替案を提案できるようにしておくといい。そのためには、会社として何を優先させたいか上司と相談して決めておくことも大事だ。

第4章

通知・お知らせを表す文例集

076 ご覧ください

通覧

見てもらいたい書類や資料などを目上の人に送る場合、当然のことながら「見てください」とは言わない。そんなときは「ご覧ください」というのが常套句だ。「覧」は「見ること」を意味し、「ご覧になる」は「見る」の尊敬語にあたる。つまり、偉い人が何かを見ているなら、それは「ご覧になる」ということになる。

したがって、**目上の人に「見る」という行為をしてほしい場合**は「ご覧」+「ください」という言い方がもっともよく使われる。その他に「ご覧いただけますか」と言ったりもする。

これをさらに丁寧に言いたい場合は、相手をもっと高めて「ご高覧《こうらん》ください」とか、相手を賢いと持ち上げて「ご賢覧《けんらん》ください」などと言ったりする。

ちなみに、自分が「見る」場合の謙譲語は「拝見する」になる。拝見するのは自分なのだから、ビジネス初心者は、間違っても相手に「拝見してください」と言ってはならない。

ここがポイント!

目上の人などに見てもらう際の尊敬語表現

例文

この度、弊社では、長らくご愛顧いただいております「お風呂のお掃除ジョーズくん」を改良し「お風呂のお掃除ジョーズくん2」を発売する運びとなりました。

新商品は、放水パターンを手元でこれまで以上に多彩に切り替えることができ、ご家庭の主婦の方など、作業者の負担を大幅に軽減している点にメリットがございます。なお、詳細につきましては、添付資料を**ご覧ください**。

■ 覚えて便利! その他の表現

◉ご高覧《こうらん》ください。

「高覧」は「見る」ことを尊敬語にした表現。さらに敬った感じがして、かしこまったメールでも使いやすい。

◉ご賢覧《けんらん》ください。

「賢覧」は「高覧」とほぼ同義。なかなか見ない表現なので、ここぞというときに使うといいかもしれない。

077

お受け取りください

受領

読んで字のごとく、**相手方に何かを受け取ってもらうときに添える言葉**だ。具体的には、「明日着で、お品物をお送りいたしましたので、お受け取りください」「添付にて、データをお送りいたしますので、お受け取りください」などといった使い方になる。

「お＋動詞の連用形＋ください」という言い回しは、相手に頼みごとをするときの丁寧な言い方だ。目上の人には敬意が足りないと受け取られそうな「～してください」よりも、広い範囲で使いやすい表現であると言える。

「受け取り」はもっともシンプルで一般的な表現なので、多くの場合に使えるだろう。ただし、メールや郵送で送る書類の場合は「査収」という言い方をすることが多く、「受け取り」は物品などを渡したりする場面で使うことが多いようだ。書類のやりとりの場合は「ご査収ください」、金銭は「ご領収ください」という言葉がよく使われる。

ここがポイント!

何かを受け取ってもらうときに添える言葉

例文

これもひとえに皆様のご指導、ご厚情の賜物と感謝いたしております。つきましては、ささやかながらも感謝の気持ちをお伝えしたく、記念のお品をお送りさせていただきましたので**お受け取りください**。生ものですので、お早めにお召し上がりいただければと存じます。

■ 覚えて便利! その他の表現

◉ご査収ください。

「よく調べてお受け取りください」の意味。「査収」とは調べて受け取ること。書類のやりとりなどでよく使われる。

◉ご領収ください。

「領収」とは金銭を受け取って収入とすること。相手に金銭などを送るときによく使われる表現だ。

078

頂戴いたしました

受領

「頂戴」は、もらうことをへりくだって言う言葉。**贈答品などを受け取った際に、その事実を相手に報告する**ときなどによく使われる。もともと「いただいたものを頭上にささげもつ」という意味なので、「いただく」以上に丁寧な言葉だ。**目上の人からうやうやしくいただいたというニュアンス**を込めることができる。具体的には「先日は結構なお品物を頂戴いたしました」のように使われる。

へりくだる言葉なので、相手の行為に対して使うことはできない。「お送りさせていただいたお品物は頂戴されましたでしょうか」などと言うのは大間違いだ。下手をすると相手はカンカンに激怒するかもしれない。

品物が到着したときは「到着いたしました」という表現で、受け取ったことを相手方に報告する。同様に、注文した品が届いたときなどは「着荷いたしました」と伝えることで、相手方に受け取りを報告する。

ここがポイント!

贈答品などをもらったことをへりくだって相手に報告する

例文

このたびは、結構なお歳暮を贈っていただきまして、誠にありがとうございます。社員一同で美味しく**頂戴いたしました**。

弊社は、皆様のご厚情にお応えすべく、社業の発展に全力を尽くしてまいります。今後とも、ご支援を賜りますようよろしくお願いいたします。

■ 覚えて便利! その他の表現

◉到着いたしました。

品物などのやりとりで使われる表現。品物が「到着した」とすることで、受け取ったことを相手に伝える。

◉着荷いたしました。

「着荷」は荷物が到着すること。注文した品が届いたときに、そのことを報告する際によく使う表現。

079

このたび～することとなりました

通知

改まって、何かをお知らせする際に使われる、もっともシンプルでストレートな表現だ。**汎用性が高く、あいさつメールなどいろいろな場面で使われる**。

例えば「新会社を設立することとなりました」「本社を移転することとなりました」「社名を変更することとなりました」「担当することとなりました」「役職に就任することとなりました」……。人事異動、社屋移転、社屋落成、新会社設立、社名変更、退職などなど、その用途は多岐にわたる。

ビジネスでは、人と人とのつながりが財産だ。**今、こちらがどのような動きをしているのかを相手に知ってもらう**ことは、相手方の情報をもらうことにもつながっていく。

物事が進んで、こんな段階に至りました、ということを通知する「このたび、～する運びとなりました」。日にちとともに伝える「～をもちまして～させていただきます」といった言い回しもある。

ここがポイント!

何かをお知らせする際のストレートな表現

例文

このたび弊社では、事業の拡大に伴い、業務の改善・効率化を図るため、インターネット関連事業部門を分離・独立させ、新会社を設立**することとなりました**。

今後、より充実したサービスを皆様方にご提供できるよう、社員一同、全力で事業に取り組む所存でございます。

■ 覚えて便利! その他の表現

◉このたび、~する運びとなりました。

「運び」とは物事の進み具合のこと。「こんな段階になりました」と、事の結果を改めて知らせるときに使われる。

◉~をもちまして~させていただきます。

最初の~には、日にちが入る。いつ、どうなるかを伝える。「6月1日をもちまして、閉鎖させていただきます」など。

開業

080

新会社を設立いたしました

読んで字のごとく、**新しい会社を設立した際にそのことを報告する言い回し**だ。自然な話の運びとして「WEBデザインの新会社を設立いたしました」のように、「新会社」の上には「～の」「～する」などの形で、事業内容などを簡単に説明する言葉がつく。

具体的には、「このたび私どもは、自然食を販売する新会社を設立いたしました」のような形になる。

新会社設立の案内メールは、**時機を逃さず送ることが大切**だ。通知内容は、文章の冒頭でわかるような構成にしたい。そして、格式を重んじた表現とし、**平素のお礼も必ず入れて、今後の支援をお願いする**ことも忘れないようにしたい。

同じような意味だが「開業の運びとなりました」という言い方もある。お店などの場合は「開店いたしました」。あるいは、堅苦しくなくもっとカジュアルに「オープンいたしました」という言い方もできる。

ここがポイント!

新しい会社を設立したことを報告する表現

例文

このたび私どもは、水道設備の設計・施工・管理を主業務とする**新会社を設立いたしました**。

これもひとえに、皆様のご支援の賜物と感謝いたしております。今後は、皆様のご期待に添えますよう、努力いたす所存にございます。何卒、これまでにも増して、皆様のご支援ご愛顧を賜りますようお願い申し上げます。

■ 覚えて便利! その他の表現

◉開業の運びとなりました。

「開業」は会社などが営業を始めること。「運び」を使うことで「準備してきてようやく」というニュアンスになる。

◉オープンいたしました。

堅苦しくない文書で使う。オープンは開業・開店を意味するが、会社というよりもお店の場合が多いだろう。

081

〜は〜をもって閉鎖いたします

閉鎖

これは、**事業を終わらせるときの言い回し**だ。支店等を閉鎖するときの表現としても使える。「閉鎖」とは、閉ざして活動をやめること。閉ざすものは、ビジネスであれば、会社、店舗、施設などが主な対象になるだろう。「廃業いたします」「閉店いたします」といった表現にも言い換えることができる。

上の〜には、閉ざす対象が、下の〜には、閉ざす日にちが入る。例えば「名古屋営業所は3月末日をもって閉鎖いたします」といった形になる。

廃業は大変な事態だが、最後まで礼を尽くすのが社会人の務めだ。**これまでのお礼や迷惑をかけることへのお詫びを忘れずに書く**。廃業の理由は、感情的にならず丁寧に事務的に記述しよう。

同じ意味だが「廃業することに相成りました」と言えば、改まった重々しい感じになる。「閉鎖させていただくことになりました」は、多少ソフトな印象になる。

ここがポイント!

事業を終わらせるときの基本的な言い回し

例文

弊社は昭和60年の創業以来、皆様のご厚情により、今日まで事業を続けてまいりましたが、諸般の事情により、**5月末日をもって閉鎖いたします**。

これまでに賜りました皆様のご愛顧に深く感謝いたすとともに、突然の廃業で、皆様にご迷惑をおかけすること、深くお詫び申し上げます。

■ 覚えて便利! その他の表現

◉廃業することに相成りました。

「相成る」というのは「なる」の仰々しい表現だ。廃業決定までの過程と決断の重さを感じさせるだろう。

◉閉鎖させていただくことになりました。

へりくだった「させていただく」を使って、廃業の決定を、できるだけ丁寧に伝えるための表現。

082

諸般の事情により

閉鎖

「諸般」とは、いろいろ、もろもろ、といった意味だ。直訳すれば「もろもろの事情により」という意味になる。これは、**事業を廃業するときなどに、その理由を説明する**場合によく使う言葉だ。

事情を「もろもろ」のひと言で表し、要するに、**理由を具体的に言いたくないときに使う**。「理由はお察しください」という意味を暗に込めた、大人の言い方になる。受け取った方も、その状況を汲んで、それ以上聞かない、大人の対応をすべき場面だろう。

具体的には「この度、諸般の事情により、高崎営業所を3月末日をもって閉鎖いたします」という使い方になる。

同じような表現で「都合により」という言い方もある。ほぼ同じ意味だが「諸般の事情により」と言った方が、改まって、丁寧な印象があるだろう。また、理由をはっきり示す場合は「経営合理化に伴う～により」などという言い方をすればよい。

ここがポイント!

廃業の理由を言いたくないとき その理由をぼかす言い方

例文

弊社は、創業以来25年にわたり皆様にご愛顧を賜ってまいりましたが、**諸般の事情**により、来る9月末日をもって廃業いたします。

突然の廃業でご迷惑をおかけすることをお詫び申し上げるとともに、これまでご厚情を賜りました皆様に心より感謝申し上げます。

■ 覚えて便利! その他の表現

◉都合により

「都合」とは「事情」のこと。これもやはり、廃業の理由を具体的に述べない言い方。「諸般の事情」の方が丁寧だ。

◉〜に伴う〜により

理由を具体的に言う場合の表現。1つめの〜には「経営合理化」「事業縮小」「関連部門の統廃合」などの理由が入る。

083

このたび○○株式会社を円満退職し、△△株式会社に入社いたしました

転・退職

会社を円満退職し、かつ、転職先が決まっているときに、社外で付き合いのあった人に送るあいさつメールの定型パターンだ。**あくまで円満退職のときに使える表現**で、円満退職でなければ、こうは言えない。具体的には「このたび私、武田製麺株式会社を円満退職し、上杉食品株式会社に入社いたしました」というような使い方になる。この表現の場合、どちらかというと、転職に重心があって、退職はあわせて報告するような形になる。**今後もお付き合いしたいという気持ちを素直に伝える**機会としたい。

転職のあいさつでは、丁寧なお礼の言葉とともに、今後の指導や支援のお願いも書く。前の会社への批判は避け、退職・転職の日付、在籍年数などの数字は正確に記述する。転職先が決まっていないなら「このたび○○を×月×日付で退社することになりました」とする。円満退社でない場合は「このたび一身上の都合により」を冒頭につける。

ここがポイント!

会社を円満退職し、転職先が決まっているときのあいさつ

例文

私こと、**このたび**、3月末日をもちまして、8年間お世話になりました**株式会社シティを円満退職し**、4月10日より**ユナイテッド商事株式会社に入社いたしました**。

株式会社シティ在職中はひとかたならぬご厚情をいただきまして、誠にありがとうございました。厚くお礼申し上げます。

■ 覚えて便利! その他の表現

◉このたび○○を×月×日付で退社することになりました。

退職をひかえている場合に、事前に知らせておく際の言い回し。社名を省けば、社内に宛てても使える。

◉このたび一身上の都合により

辞める理由を具体的に述べずにすませたいときに使う。対立やトラブル、また、個人的な事情の場合もあるだろう。

084

在職中はひとかたならぬご厚情をいただきまして

転・退職

お世話になった人に、退職のあいさつメールを送る場合に、**お世話になったことに対するお礼を述べる**際の定型例だ。スタンダードな表現で、どんな相手にも使うことができる。

「厚情」は「親切な心・厚いなさけ」のこと。「ひとかたならぬ」は「非常に、なみなみならぬ」のこと。「なみなみならぬ親切な心をいただきまして」という意味になる。相手によっては、少々オーバーに聞こえるかもしれないが、感謝が足りないよりもいいだろう。「在職中はひとかたならぬご厚情をいただきまして、まことにありがとうございました」のように、**通常はお礼の言葉が続く**。

無難な言い方として「在職中は、大変お世話になり」という表現もあるが、相手によっては物足りなさを感じるかもしれない。また「在職中、公私にわたり格別のご厚情を賜り」という言い方をすると「仕事だけでなく」という意味を含めることができる。

ここがポイント!

お世話になったことに対するお礼を述べる際の定型

例文

私儀、12年間勤務いたしましたさつま酒造株式会社を円満退社し、壱岐酒精工業株式会社に勤務いたすことになりました。さつま酒造株式会社**在職中はひとかたならぬご厚情をいただきまして**心より感謝いたしております。ありがとうございました。

■ 覚えて便利! その他の表現

◉在職中は、大変お世話になり

「お世話になり」はよく使われるが、無難な言い方と言える。退職の際、社内・社外を問わず、使うことができる。

◉在職中、公私にわたり格別のご厚情を賜り

「公私にわたり」は「仕事だけでなくプライベートでも」という意味。特段そうでなくても、慣用的に使っていい。

085

～に配属されました

異動

社内で人事異動があり、自分が他の部署に異動になった場合に、**新しい所属先をお知らせするときに使う表現**。異動の事実をストレートに伝える、無難な言い方だ。「配属」とは、人を各部署に振り分けること。～には、当たり前ながら、新しい部や課が入る。「このたび、人事異動にて販売2課に配属されました」という形になる。

異動の場合は、信頼関係を損なわないように配慮することが大切だ。新しい所属先の報告とともに、**これまでお世話になったことへの感謝の気持ちを忘れずに伝えなければならない**。これは、異動後の会社との関係や仕事への配慮の上でも大切なことだ。

親しい取引先や社内などに向けたメールでは、ストレートに「～に異動しました」という表現で十分だろう。転出を伴う場合は、「このたび、人事異動により本社営業部より名古屋支店企画部勤務となりました」という表現をよく使う。

ここがポイント!

新しい所属先をお知らせするときに使う表現

例文

誠に突然のご報告ですが、私こと、この度の人事で、3月20日をもって品質管理部**に配属されました**。
細川社長には公私ともにひとかたならぬご厚情をいただき、心より感謝いたしております。

本来ならば、お伺いしてご挨拶申し上げるところですが、急な辞令ゆえ取り急ぎメールにてご報告いたします。

■ 覚えて便利! その他の表現

◎~に異動しました。

異動先を伝える表現。ストレートな表現なので、社内や親しい取引先などに向けて使う言い回しだ。

◎○○より、××勤務となりました。

転出する際によく使われる表現。部署の異動、支店・支社への転出の場合などが該当する。

086

私こと〜が担当させていただくことになりました

異動

人事異動に伴い、自分が、**従来からある特定の役割を担当することになった旨をお知らせする**際の言い回しだ。地位や立場に関わらず使うことができる。

「事務局広報は、私こと中村が担当させていただくことになりました」のように、冒頭で何を担当するのか、その中身を述べながらの話運びになる。そこには、役職や職務名が入ることもあるし、「〜の事業、〜の運営、〜の研究」などが入ることもある。

どちらかというと控えめな印象を与える表現だ。**通知事項は簡潔にし**、早く溶け込もうと、初めから個人的なことにふれすぎない方がいいだろう。**取引先に対しては、今後の支援をお願いする**。

フラットな印象のこの例に対して、前のめり感を出したいときは「私こと〜が務めさせていただきます」という表現もある。重責を担うことになったときは「〜の役を仰せつかりました」という言い回しがある。

ここがポイント!

従来からある役割を引き継ぐときのお知らせ

例文

私は、このたび、営業２課に配属されました、中村早苗と申します。貴社への今後の窓口業務は、**私こと中村が担当させていただくことになりました**。

本来ならば、貴社に参上して、ご挨拶申し上げねばならないところ、急な引き継ぎがございまして、メールにてのご挨拶と相成り、誠に失礼いたします。

■ 覚えて便利! その他の表現

◉私こと～が務めさせていただきます。

「務める」は役目としてことを行うこと。右の例よりも職務を全うする意欲を前面に感じさせる表現だ。

◉～の役を仰せつかりました。

「仰せつかる」は「ご命令を受ける」という意味。ある程度、重い責任を担うことになったときの表現。

087

私同様、よろしくお引き回しのほど、お願い申し上げます

異動

「引き回し」の本来的な意味は、あちこち連れて歩くという意味だ。これが転じて、「指導し面倒を見る」ことを意味する。自分が異動または退職する際に、今までの取引先等に**自分の後任を紹介するメール**で使われる。

担当が変わるにあたり「自分への厚誼《こうぎ》を後任にもお願いします」という気持ちを伝えるための表現で、言葉の裏には、**自分への厚誼を感謝する気持ちも込められる**。常套句ではあるが、「引き回し」の意味を解せる人物のときに使いたい。

具体的には「後任として、中村早苗が貴社を担当させていただくことになりましたので、私同様、よろしくお引き回しのほど、お願い申し上げます」という言い方になる。

同じような決まり文句には「私同様、ご指導、ご鞭撻《べんたつ》のほどお願い申し上げます」という言い回しもある。より簡素な言い方では「私同様よろしくお願い申し上げます」がある。

ここがポイント!

自分への厚誼を後任にもお願いするときの表現

例文

なお、4月1日には、後任の中村早苗が東京本社より赴任いたします。後日、課長の鈴木とともにご挨拶に伺わせていただきます。担当業務につきましては、遺漏なくお引き継ぎを行いましたので、何卒、**私同様、よろしくお引き回しのほど、お願い申し上げます**。

覚えて便利! その他の表現

◉私同様ご指導、ご鞭撻のほどお願い申し上げます。

「ご指導、ご鞭撻」というのは、ビジネスでの頻出表現。「鞭撻」は、きびしく叱り、励ますこと。

◉私同様よろしくお願い申し上げます。

右の例と同じく「私へのご厚誼と同様に」という意味を込める言い方。こちらの方がより簡素なバージョン。

088

移転

下記に移転することになりましたので、ご案内申し上げます

事務所や営業所、店舗などが移転する際に、そのことをお知らせする案内メールなどでよく使われる表現だ。「このたび当事務所は、8月1日をもちまして下記に移転することになりましたので、ご案内申し上げます」という形になる。

「下記」に該当するものは、下の方に「記」として、①新住所、②電話番号、③FAX、④営業開始日、⑤案内図（別紙）などが箇条書きで示されることになる。

相手方にしてみると、請求書、納品書などの伝票類、商品の納品先住所などを、全て変更しなければならないので、**最低1か月前には知らせるようにしたい**。

「下記へ移転いたしました」という表現は、より簡潔であるために、メールにおいては使いやすいかもしれない。ただし、相手との関係は考慮しよう。「下記へ移転の運びとなりました」という表現の方が、より改まった印象を与えられる。

ここがポイント!

事務所、営業所、店舗などの移転をお知らせする表現

例文

このたび弊社は、事業拡大にともなうオフィス増設のために、**下記に移転することになりましたので、ご案内申し上げます**。

新事務所においては、4月1日より、営業を開始する運びとなりました。これを機に社員一同、気持ちを引き締め直して業務に邁進する所存にございます。

覚えて便利! その他の表現

◉下記へ移転いたしました。

移転を知らせるための、右の例よりも簡潔な表現。このようなストレートな表現の方が、メールにはなじむかもしれない。

◉下記へ移転の運びとなりました。

「運び」という表現が入ることで、ようやくここに辿りついたという印象を与え、改まった感じになる。

089

近くにお越しの際は、ぜひお立ち寄りください

移転

事務所などの移転のあいさつをする際は、深刻なビジネスの話ではないので、堅苦しい話に終始する必要はない。気軽な心で、社交辞令のひとつでも交わすよい機会になる。

今回の例は、**相手方に気軽な来訪をうながす表現**だ。「立ち寄る」とはどこかのついでに訪れることで、「遠慮なく気軽に寄って行ってください」というニュアンスになる。移転の通知には、よく使われる言葉で、**ちょっとした社交辞令のつもりで使えばいい**。相手も、そう受け取ることが多いだろうが、ビジネスの妨げになることはないだろう。添えなければいけないわけではないが、添えると移転のあいさつとして様になる。

「立ち寄り」よりも積極的な歓迎をイメージできる「ぜひ一度、足をお運びください」という言い方もある。「これまで以上にお立ち寄りくださいますようお願い申し上げます」では、より関係が発展することを願う気持ちが込められる。

ここがポイント!

相手方に、移転先への気軽な来訪をうながす言葉

例文

このたび弊社は、来る9月1日をもって、下記の通り、移転する運びとなりました。これまでの事務所は、交通の点で皆様に何かとご迷惑をおかけすることがございました。新住所は、最寄駅から3分と交通の便よく、ご来訪の皆様にもお喜びいただけると存じます。**近くにお越しの際は、ぜひ、お立ち寄りください**。

■ 覚えて便利! その他の表現

◉ぜひ一度、足をお運びください。

「足を運ぶ」は「立ち寄る」よりも、積極的にめざして訪れるニュアンス。ぜひ、来てほしい、という感じになる。

◉これまで以上にお立ち寄りくださいますようお願い申し上げます。

相手の立ち寄りを喜びに感じていたニュアンスがにじむ。移転を機に関係が発展することを願う気持ちが込められる。

090 採用を内定することに決定いたしました

採用

「内定」とは、正式決定する前に、内々で決定していること。**内定を通知する際のオーソドックスな表記**の仕方がこれだ。採用とは区別する必要がある。一刻も早く結果を知りたいという応募者に、正式な採用通知書とは別に、試験後の第一報として送るものなので、現代ではメールに向いている役割かもしれない。

実際の文面では「厳正な選考の結果、採用を内定することに決定いたしました」というような使い方になる。こうした通知は、先方が知りたがっていると思われることを優先して書くようにしたい。**前置きは手短にして、何よりも知りたがっている選考の結果をはっきりと伝えよう**。

よりシンプルな表現をするなら「採用を内定いたしました」でもいい。こちらの方が、メール向きかもしれない。より丁寧にしたいのなら「採用を内定させていただくことになりました」とすればいいだろう。

ここがポイント! 内定を通知する際のオーソドックスな表現

例文

このたびは、当社の社員採用試験にご来社いただき、誠にありがとうございました。

さて、厳正な審査の結果、あなたの**採用を内定することに決定いたしました。**
つきましては、同封の必要書類に下記要項に従いましてご記入・ご捺印の上、１月25日までにご来社くださいますようお願いいたします。

■ 覚えて便利! その他の表現

◉採用を内定いたしました。

より簡潔に、単刀直入に、採用内定を告げる表現。メールで送る内定通知では、これくらいでもいいかもしれない。

◉採用を内定させていただくことになりました。

「させていただく」という謙譲語を使うと、丁寧で、ややへりくだった印象になる。

091 貴意に添いかねる結果となりました

不採用

これは、**企業の採用試験等で、残念ながら不採用となった受験者への通知文**だ。よく使われる表現で、常套句といえる。「貴意」というのは、相手の意向を指す尊敬語だ。「あなたの意向とは違う結果になりました」ということで、不採用を告げる。結果を鑑みると、「採用」よりも相手への気遣いのある表現が求められるが、それにかなう婉曲的な表現だ。また、よく使われる言い回しなので相手にも誤解なく伝えられるだろう。

表現自体は単刀直入とはいかないが、相手は結果を早く知りたがっているので、採用と同様、**前置きは手短に、知りたがっている内容を待たせずに書く**。

より平易な、誰にでもわかる言い方としては「ご期待にお応えすることができない結果となりました」という表現がある。また「今回は採用を見送らせていただくことになりました」と言うと、次回の可能性があるようで、少し、慰めになる感じがする。

ここがポイント!

不採用を通知する際のオーソドックスな表現

例文

このたびは、当社の社員採用試験にご来社いただき、誠にありがとうございました。

さて、厳正な審査の結果、誠に不本意ではございますが、今回の募集につきましては、**貴意に添いかねる結果となりました**。どうかご了承くださいますようお願い申し上げます。

■ 覚えて便利! その他の表現

◎ご期待にお応えすることができない結果となりました。

「期待」という言葉を使って、より平易な表現をした場合がこれだ。右の例よりさらに誰でもわかる表現と言える。

◎今回は採用を見送らせていただくことになりました。

「見送る」とは、採り上げないでそのままにしておくこと。「させていただく」で、少しへりくだった感じになる。

092

今後のご健勝を心からお祈り申し上げます

不採用

これは、**企業の採用試験等の不採用通知によく添えられる表現**だ。決まって、結びの言葉として用いられる。

「健勝」とは、健やかなことであり、相手のこれからを思いやって言う言葉だ。「今後も健康でおられることを、心をこめてお祈りしています」という意味になる。

受験者にとっては、結果が全てであり、こうした言葉は何の足しにもならないだろうが、それでも、相手の心境を考えると、不採用通知には必須の一文といえる。**礼をつくしている姿勢を見せる**ことに努めよう。一般のあいさつ文等でも、社交辞令として用いることがよくある。

「健勝」より、もっと一般的な「活躍」という言葉を使うと「今後一層のご活躍を心からお祈り申し上げます」という言い方になる。「健勝」と「活躍」の両方を合わせて使って、「今後のご健勝とご活躍をお祈り申し上げます」という言い方もできる。

ここがポイント!

相手の健康を祈る、不採用通知に添える言葉

例文

このたびは、当社の社員採用試験にご来社いただき、誠にありがとうございました。

さて、誠に不本意ではございますが、今回は、残念ながら貴殿のご希望にお応えできない結果となりました。どうかご了承くださいますようお願い申し上げます。

貴殿の**今後のご健勝を心からお祈り申し上げます**。

■覚えて便利! その他の表現

◉今後一層のご活躍を心からお祈り申し上げます。

平易な「ご活躍」という言葉を使った例。今後の「活動」が成功することを祈る言い方。これも常套句だ。

◉今後のご健勝とご活躍をお祈り申し上げます。

健康と活動の両方をお祈りするべく、両方使ってもいい。元気に頑張ってくださいという意味になる。

093

開催する運びとなりました

案内

「開催」とは、会や催しものを始めること。このフレーズは、講演会や展示会、協議会やはたまた忘年会など、**何らかの会を催すときの案内状**でよく使われる言い回しだ。

「運び」とは、物事の進み具合を指す言葉。こうした使い方をすると、開催に向けての準備を進めてきて、やっと開催する段になったというニュアンスを出せる。「がんばってここまで来ました」という印象があるので、**それなりに大掛かりな準備が必要な催しなどを開催する際に使われる**。したがって、忘年会、新年会などお楽しみの案内状に使う場合は、若干のユーモアを込めて使うとよい。

仰々しく聞こえる「運び」に比べて「開催いたすことになりました」という言い方は、謙譲語を使って、違う方向で丁寧な敬語的表現だと言える。開催日時をお知らせするには「～の開催日時が下記の通り決まりました」という言い回しでいいだろう。

ここがポイント!

会や催しものを開催する案内状等でよく使われる言葉

例文

さて、まだまだ景気の先行きは不透明で、FRBの金融緩和の動向一つで、新興国の株価が乱高下、我が国の金融市場も一喜一憂する昨今です。

つきましては、皆様との結束をさらに固めて、厳しい現状を乗り切るため、当社主催による第1回小売店業界経営セミナーを下記の通り**開催する運びとなりました**。

■ 覚えて便利! その他の表現

◉開催いたすことになりました。

「いたす」という謙譲語を使って、若干のへりくだり感を出した丁寧な表現だ。

◉～の開催日時が下記の通り決まりました。

開催をお知らせするというよりも、日時のインフォメーションに重きをおいた表現。

094

案内

ご参加をお待ちしております

催しものを開催する際に、会への参加を呼びかける表現だ。ご参加くださいと直接要請せず、「待つ」という表現を使って呼びかけるので、ソフトな印象になる。口語的な表現で、誰の目・耳にも、隔たりなく、自然に入ってくる言葉だろう。

参加という言葉のあてはまるものには大抵のことに使えるので、使いやすい表現であるといえる。例えば「品評会を開催いたします。皆様のご参加をお待ちしております」という使い方になる。より丁寧な表現なら「ご参加をお待ち申し上げます」としてもよい。

呼びかける対象に社会的地位のある人がいたり、取引先の重役がいたりするなど、できるだけ丁寧な敬語を心がけたい場合は「ぜひ、ご参加賜りますようお願いいたします」という言い方がいいだろう。反対に気軽なイベントや、相手の身構える気持ちをほぐしたいときは「どうぞ、お気軽にお越しください」という言い回しが使える。

ここがポイント!

催しものなどへの参加を呼びかける言葉

例文

さて、本年も恒例の夏の新入荷品展示即売会を下記の通り開催いたします。今回は「地中海の残像」と題しまして、海外高級ブランドの品々をあまたご用意いたしました。

ぜひ、お誘いあわせのうえ、お気軽にご来場いただければと存じます。皆様の**ご参加をお待ちしております**。

■ 覚えて便利! その他の表現

◎ぜひ、ご参加賜りますようお願いいたします。

「賜る」は最上級のていねい語。呼びかけ対象に、やんごとなき方々がおられるのなら、この表現が無難かもしれない。

◎お気軽にお越しください。

親しみやすい形で参加を呼びかける表現。相手が参加を躊躇しないようにしたいときや、気軽なイベントの場合に使う。

095

万障《ばんしょう》お繰り合わせのうえ

案内

この表現は、**催しものなどへの参加を呼びかける**メールでよく使われる。「万障」とは、「さまざまな差し障り」のこと。「繰り合わせ」は「やり繰りすること」。続けると「様々な差し障りをやり繰りして」となる。ここでの意味は「いろいろお忙しいでしょうがどうにか都合をつけて」といったものになり、この後に「ぜひ、ご参加くださいますよう…」などと言葉をつなげる。

例えば「万障お繰り合わせのうえ、ぜひご参加くださいますようお願い申し上げます」といった使い方になる。

本来の意味からすると、強く参加を促すものだが、**実際は慣用的に使われている**ので、形式的なものとして通っている。

相手に配慮した参加の呼びかけとしては「ご都合がよろしければ」という言い方がある。運動会など活動的なイメージのある催しへの参加の呼びかけでは「ふるってご参加ください」という言葉が使われる。

ここがポイント!

催しものなどへの参加を呼びかける慣用句的な表現

例文

そこで日頃のご愛顧にいささかなりともお応えし、一層のご懇意をお願いしたく、下記の通り、感謝の会を開催いたしたく存じます。ご多用中とは存じますが、何卒、**万障お繰り合わせのうえ**、ぜひ、ご出席賜りますようご案内申し上げます。

■ 覚えて便利! その他の表現

◉ご都合がよろしければ

相手側に立った条件つきのお誘いになり、参加の呼びかけとしては一歩引いた形で、相手を気遣った言い回しになる。

◉ふるってご参加ください。

「ふるって」は「積極的に・進んで」という意味。運動会などアクティブな催しへの参加の呼びかけによく使う。

096

お知らせくださいますよう、お願い申し上げます

案内

催しものの中には、その内容によって、準備等の関係で、事前に人数を把握しておかなければならないものがある。そのような場合は、**前もって出欠の返信を集計する**必要がある。そこで、このフレーズを用いて、何らかの形で返事を請う。具体的には「出欠のお返事をお知らせくださいますよう、お願い申し上げます」という言い方になる。

返答の手段は、通常の感覚なら「来たメールに返せばいいいか」と判断するだろう。**あえて返答の手段を明記する場合**は「電話にて」「メールあるいは電話にて」など、**返答の手段を上につける**ようにしたい。

返事を求める同じような表現に「お教えくださいますようお願い申し上げます」がある。気を使う相手にソフトな言葉で呼びかける場合などに使う。「ご連絡くださいますようお願い申し上げます」は、少し事務的な印象があるが、失礼がなく間違いのない表現だ。

ここがポイント!

催しものなどへの出欠の返事を請うときの表現

例文

なお、会場の準備等がございますので、誠に恐縮ですが9月5日までに、このメールにご返信いただくか、各販売店に電話、または口頭で、お申し出いただく形で、出欠のご返事を**お知らせくださいますよう、お願い申し上げます**。

覚えて便利! その他の表現

◉お教えくださいますようお願い申し上げます。

「お知らせ」だと「知らせる」という1手段のみの印象があるが「お教え」だと、少し幅を持たせた感じがする。

◉ご連絡くださいますようお願い申し上げます。

標準的な言葉「ご連絡ください」を丁寧にした言葉。「ご連絡」には事務的な響きもあるが、礼は失していない。

Column

食いつきが違う「案内」の作り方って？

コラム 4

イベントの開催や新製品のお知らせをする案内状。メールは相手の忙しい時間帯に割り込むことなく、同時送信でたくさんの人に送れるので、案内状を出すにはもってこいのツールだ。封書を出すまでもない軽い案内などにとても重宝する。

案内メールで大事なのが、いかに相手の興味をそそることができるかということだ。知らせるだけではただの通知文と変わらない。そのためには、参加のメリットを簡潔にまとめたり、興味を引く表現を心がけたり、相手をわずらわせずに見せたい情報に誘導したりする工夫が必要だ。

例えば、イベントの内容をビジュアルに伝える写真やイラストをメールに添付して見せれば、より一層、関心を引くことができる。会場の地図やホームページアドレスを入れれば、交通の案内になるし、当日の様子をイメージすることもできる。新製品の案内では、本文は簡潔な内容で興味を引き、より詳しい情報を伝えるためにはホームページへのリンクを張っておくとよい。

第5章

実践しよう！
メール全文文例集

097 感謝のメール

感謝

ビジネスにおいて、感謝を伝えるお礼のメールは、非常に大事なものだ。

お礼のメールの出番は、たくさんある。協力してもらったとき、取引先を紹介してもらったとき、発注してもらったとき、などだ。お礼のメールでもっとも大切なことは、**タイミングを逃さず、すぐに送ることだ**。時間が経ってしまう前に「ありがとう」の気持ちを伝えよう。

お礼のメールでは、まず初めに、**何に対するお礼なのかをはっきりと示しながらお礼を述べる**（①）。基本表現は「ありがとうございました。」だ。

お礼の言葉が重なるときは、別の言い方に言い換えるとよい（②）。「お礼申し上げます。」「感謝申し上げます。」などの言い方がある（76ページ）。

最後をお礼の言葉で結ぶと、お礼のメールであることを明確に示しながらしめることができる（③）。お礼のメールは「ついで」と思われないように、他の用件を書くことは避け、お礼だけに徹しよう。

ここがポイント！

最初と最後に感謝の言葉を入れる

例文

丸ノ内物産株式会社
営業部長 山手 太郎 様

お世話になっております。

さて、先日は、**中央株式会社の総武様をご紹介いただき、誠にありがとうございました①**。


その後、総武様をお訪ねしましたところ、快く商談に応じてくださり、来月にはお取引いただける運びとなりました。

おかげさまで、有力なお客様を得ることができました。

これも、ひとえに山手様のお力添えのおかげと、**心より感謝申し上げます②**。


メールにて恐縮ではございますが、まずは、取り急ぎ、ご報告方々、**お礼申し上げます③**。

098 お詫びのメール

謝罪

ビジネスにおいて相手に損害を与え、機嫌を損ねてしまうのは、できれば避けたいものだ。しかし、いったん起こってしまったトラブルに対してどう対処するかは社会人としての真価を問われることであり、お詫びのメールの役割は大きい。

納品違い、不良品、事故、商標権侵害、請求書誤記、納期遅延、支払遅延、不祥事など、お詫びのメールを書かなければならない事態にはいろいろある。

こうしたことが起こったら、**こちらの非を率直に詫びて**（①）、誠意を伝え、相手との信頼関係の修復に努めたい。くどくど言い訳をするのはかえってマイナスであり、全面謝罪の姿勢が大切だ。原因と経緯を迅速に調べて正確に伝えるとともに、**責任の所在を明らかにする**（②）。問題解決のために何をするのか、**具体的に、誠意を込めて伝えよう**（③）。場合によっては、メールだけでなく、先方に直接出向いて、面と向かって謝罪することも必要だろう。

ここがポイント！

全謝罪の姿勢が大切

例文

中野建託株式会社
三鷹 一郎 様

いつもお世話になっております。

このたび、３月７日付で貴社に納品いたしました、御影石門柱がご注文の品と異なるとのご指摘をいただきました。

ご迷惑をおかけして大変申し訳ございません①。


明朝、弊社社員が**代わりのお品をお届けにあがります③**。

その際に、誤送品は引き取らせていただきます。


早速、原因を調べましたところ、**担当者が、注文書を取り違えたのが原因と判明いたしました②**。今後、二度とこうしたことのないよう**チェック体制を強化してまいります③**。

この度の件はなにとぞご容赦いただきますよう、重ねてお願い申し上げます。

099 依頼のメール

業務においては、たくさんの依頼ごとがある。ビジネス上の様々なことが、まずは依頼することから始まると言ってもよいだろう。書類送付、見積もりの作成、取引先の紹介、取引条件の変更など、ざっと挙げてみただけでも、このようなものが依頼事として数えられる。

依頼のメールは、相手にメリットがあったとしても、**丁重な姿勢に徹すること**が重要だ（①）。そして、何をどうしてほしいのか、**依頼の内容は、正確に、過不足なく伝えよう**（②）。なぜそれを依頼したいのかという**理由、目的をはっきり伝えて**、理解につなげたい（③）。お願いしているという立場を忘れずに、相手への敬意の気持ちを表現しよう。

また、頼み事は1文書につき、1用件が基本だ。複数の頼みごとがある場合は、メールを分ける。相手の立場を考慮して、検討するための時間を計算に入れ、十分な時間的余裕をもって送付しよう。回答はせかさないようにしたい。

依頼

ここがポイント！

丁重かつ正確な内容を

例文

ホーム電機株式会社 販売部御中

突然のメールにて失礼いたします。
株式会社デスクワークスの今井と申します。

私どもは、ＳＰツールを手掛ける編集・デザイン会社です。

先日、貴社ホームページの製品一覧を拝見し、**オフィス用電気スタンドのラインナップに秀逸なものがあり、購入を検討させていただいております③**。

つきましては、詳細な**カタログならびに関連資料のご送付をお願いできますでしょうか②**。

お忙しいなか、**お手数をおかけいたしますが、よろしくお取り計らいのほどお願い申し上げます①**。

100 断りのメール

相手からの依頼ごと、申し入れ、注文などに対して、相手方の意に沿えない場合は、断りのメールを書く。

何だか悪いような気がする場合もあるが、ビジネスなのだから仕方がない。無理に応じることは、後々いいことにはならない。お互いのために、断りはきっぱりと告げなくてはならない。

とは言っても、バッサリと切るばかりでなく、いくばくかの気配りとやさしさも見せられたらよい。

ポイントは、**迅速に出す**ということ。待たせた挙句に断ることは、相手を窮地に立たせかねない。そして、**断りの意志は明確に示す**（①）。相手に気を配って遠回しな表現をすると、断りの意思がきちんと伝わらないこともありえる。とはいえ、**相手への配慮は忘れない**ようにしたい。断ることはこちらとしても「残念」「不本意」「恐縮」であるといったこと（②）、あるいは、場合によっては依頼へのお礼なども伝えるようにしよう。

断り

ここがポイント!

気を配りつつきっぱりと

例文

ＲＣ製作所 株式会社
高井戸 栄一 様

いつも大変お世話になっております。
株式会社 スライドの土屋でございます。

先日ご相談いただきました弊社製品卸価格の値引きの件ですが、現行価格の85%への引き下げには、**残念ながら②お応えすることができかねます①**。

当社といたしましては精いっぱいの努力をした結果として、現行の卸価格で提供させていただいております。
何卒、ご理解いただければと存じます。

取り急ぎ、お詫びかたがたお返事まで。

101

案内のメール

案内

展示会、発表会、会社説明会、キャンペーンなど、何か催しものを開くとき、案内状や案内のメールを出す。それは、催しの告知をして詳しい内容を先方に伝え、来場や参加を促すためだ。

一義的な目的は、情報を相手に伝えることだが、ただ、伝えればいいというだけでなく、たくさんの人に集まってもらえるように作成したい。

ポイントは、できるだけ早く、余裕をもって3週間前には届くように出す。遅ければ遅いほど、来てもらえる可能性は低くなる。そして**情報は正確に記載する**。日時や場所、金額などは間違えると危険だ（①）。必ず、複数の人の目でチェックしよう。場合によっては、地図をつけるなど利便性にも気を配る。また、**相手の興味を喚起する工夫をしたい**（②）。メリット等を書くと効果的だ。最後に**情報は整理して示す**。本文下に必要事項を箇条書きで書き出し、本文で「下記の」と示すとよいだろう（③）。

ここがポイント!

必要な情報は箇条書きで

例文

販売店各位

日頃のご愛顧に厚くお礼申し上げます。
キララコスメの斉藤でございます。

さて、弊社では、基礎化粧品「うるるん」シリーズをこのたび製品化いたしました。
植物由来原料を使用し、お肌にやさしいのが特徴です②。

つきましては、販売店の皆様にお披露目したく、**下記の通り③**、「うるるん」発表会を開催いたします。

ぜひ、お気軽にご来場いただければと存じます。皆様のご参加をお待ちしております。

日時：平成○年00月00日（金）
　　　13:30〜15:30
場所：セントポールホテル
　　　5階催事場 ※以下略
①

Column

コラム

5

マナー違反をしない
メールとの距離感

メールは、ビジネスにおいて、とても便利なツールだ。思い立ったとき、忘れずにすぐに送れるし、都合のいい時間に見られるので忙しい相手の邪魔をすることもない。複雑な内容を整理して送れるし、いろいろなデータを添付することもできる。しかし、メールにあまりに頼りすぎていると、思わぬマナー違反をしてしまうこともある。

送信する側として気をつけたいことは、まず、第三者に見られて困るような内容は送らないということだ。社内機密や顧客情報などは、メールで扱ってはいけない。そして、取引先とのトラブルへの対処も、メールに頼りすぎてはいけない。内容によっては、会って直接話をするのがよい場合もある。送ったメールが何らかのトラブルで相手に届かないこともありうるので、電話でのフォローも重要だ。

受け取る側としては、送った相手がこちらからの返信にやきもきしないように、定期的にチェックすることや、できるだけ早く返信することなどの基本の徹底が重要だ。忙しければ、受信確認のメールだけでもよい。

メールでの信用を無くさないために、最低限、これらのことは、努めて心がけていきたい。

第6章

これで差がつく！
メールの効率UP術

102

よく使うフレーズを単語登録する

登録

日々、メールを作成していると、同じようなフレーズを何度も送信していることに気づくだろう。ビジネスメールの場合、業務の内容によって作成する文章にある程度のパターンがあり、同じようなフレーズの組み合わせでできていることも多いのだ。

そもそも、ビジネスメールにはお決まりの表現があり、共通言語としてお互い了解することでコミュニケーションを円滑にしているという側面もある。

したがって、**よく使うフレーズをパソコンの日本語入力システムに登録しておけば**、入力がラクになり、メール作成のスピードアップが図れるし、誤入力を減らすことにもつながる。

「いつも、お世話になっております。」といった基本文や、先方の長い肩書、難しい名前、アドレス、また「大変、申し訳ございません。」など、自分なりの頻出フレーズを登録しておくと、メール作成の効率アップにつながる。

ここがポイント！

よく使うフレーズを登録しメール作成を省力化する

1 画面右下、IMEの「ツール」をクリックし❶、「単語の登録」をクリックする❷。Windows 8/8.1の場合は、「ツール」ではなく「A」または「あ」を右クリックする。

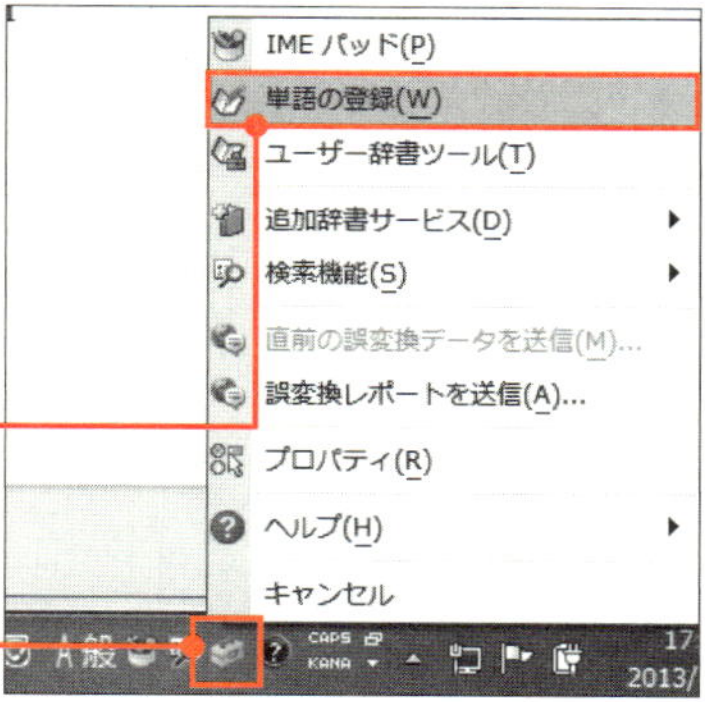

2 「単語」欄と「よみ」欄を入力し❶、「品詞」は「短縮よみ」を選択する❷。最後に「登録」をクリックする❸。

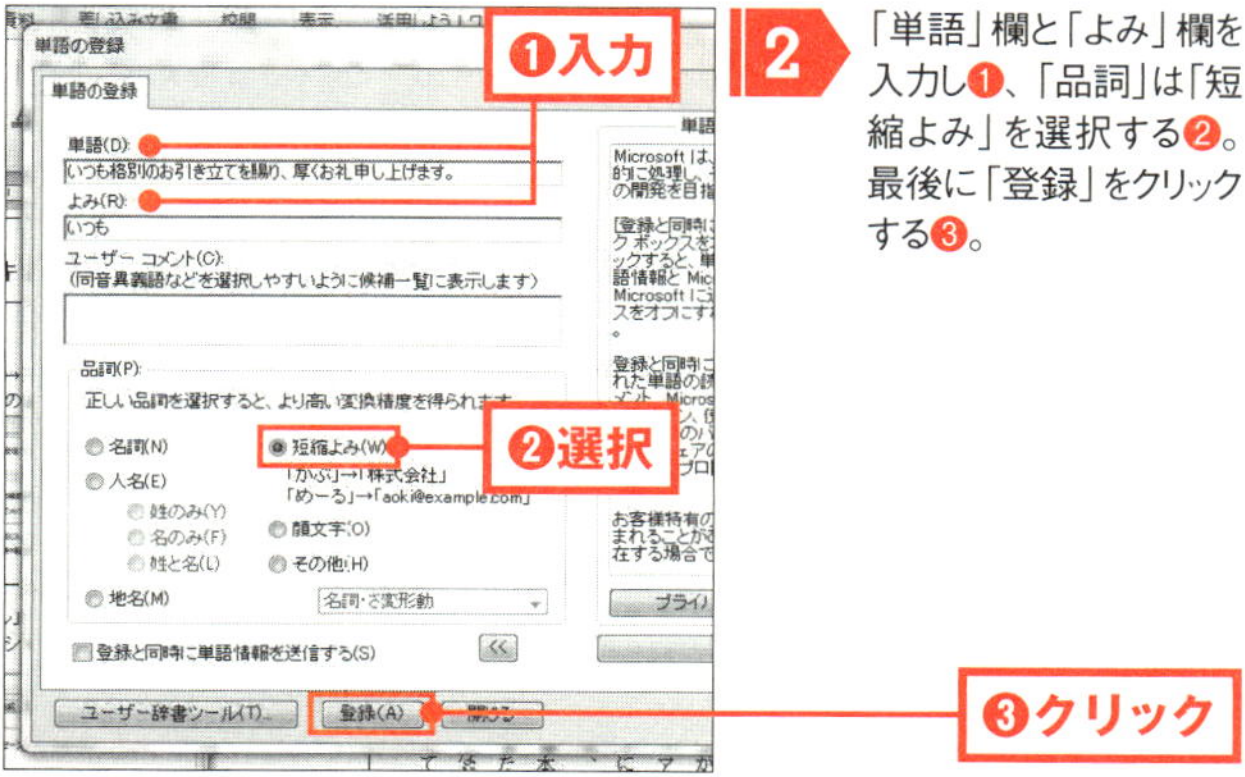

103

定型文を登録してメールをすばやく作成する

登録

毎週行われる会議の報告や月例報告など、定期的に似たような内容のメールを送ることがある。「何度も同じような内容で入力するのがうんざり」と思うこともあるだろう。

そういう場合はOutlookの「クイック操作」で、あらかじめ定型文を作っておくとよい。この機能では、**よく使う文章を登録しておき、毎回決まった文面のメールを送ることができる**ので、メール作成の効率化ができる。また、本文だけではなく、複数の送信先や件名、CCやBCCを登録することもできる。

本文は「いつもお世話になります。今月の月例会議のご報告、および、配布資料を添付してお送りいたします。」など、お決まりのフレーズを入れておき、必要なところだけ書き換えて送るようにすればよい。

ただし、送信を急ぐと、書き換える必要のあるところをそのままにしてしまうことがあるので、気をつけよう。

ここがポイント！ 「クイック操作」の機能を使って定型文を登録

1 Outlookの「ホーム」タブで、「クイック操作」の「新規作成」をクリックする❶。「名前」に「定型文(1)」などと入力し❷、「アクション」に「メッセージの作成」を選択する❸。

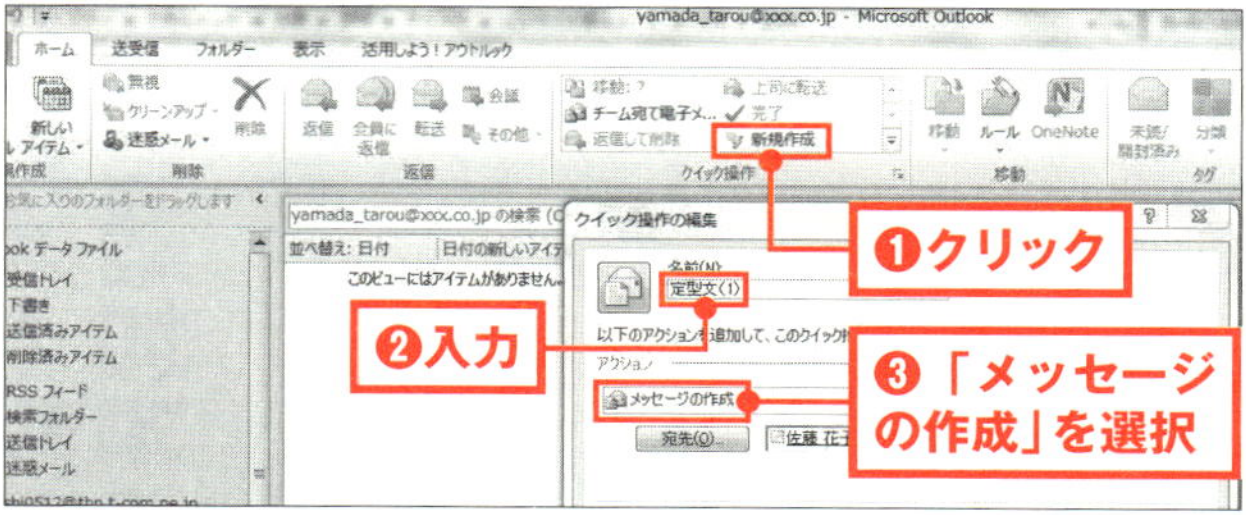

2 「オプションの表示」をクリックし❶、件名や本文（「テキスト」）などを入力する❷。最後に「完了」をクリックする❸。

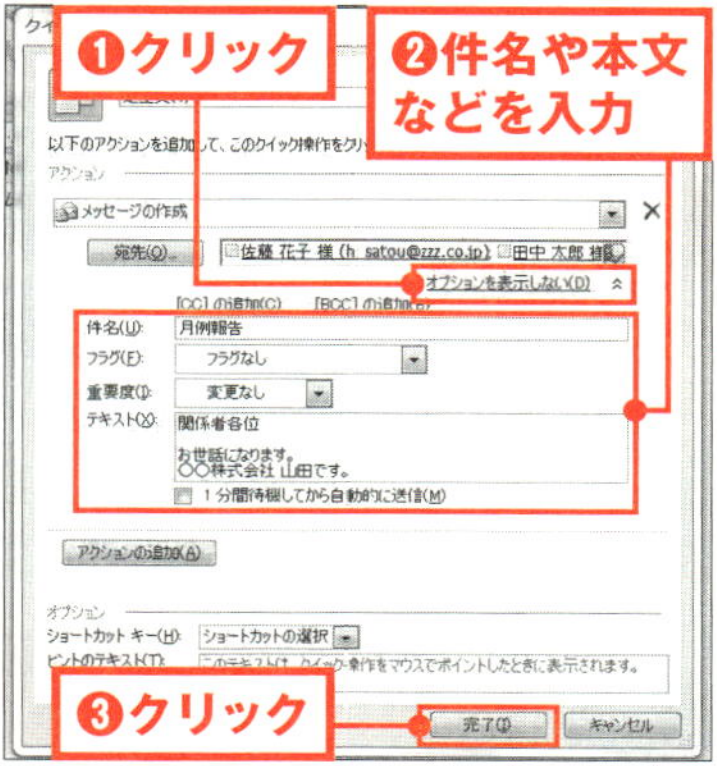

3 「クイック操作」の「定型文(1)」をクリックすると❶、定型メールが作成される。

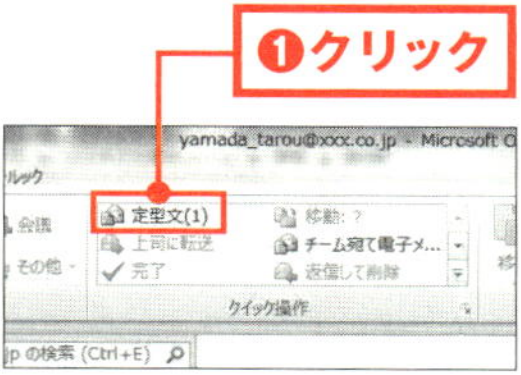

104

受信したメールからそのまま連絡先に追加する

連絡先

アドレス帳への新規登録は面倒なものだ。名刺を見ながら打ち間違いのないように入力していくのは、作業もたいへんだし、間違えないように神経も使う。少しでもラクな方法をとれればよい。

既に先方からメールを送ってもらっているのであれば、その受信メールを使って、連絡先に直接登録することができる。いくつか方法があるが、手軽でおススメなのは、**受信トレイにある相手のメールを「連絡先」にドラッグ&ドロップする**方法だろう。

ドラッグ&ドロップをすると、連絡先の作成ウィンドウが表示され、差出人の氏名とアドレスが既に自動入力されている。この時、気をつけたいのは、氏名が正しく入っていない場合もあるということだ。したがって必ず確認が必要だ。正しく入っていなければ、手作業で修正する。「名」の下にはスペースと「様」を入れよう（24ページ）。その他、必要事項を入力すれば完了だ。

ここがポイント！

受信メールを「連絡先」にドラッグ&ドロップするだけ

1 受信トレイのメールを、「連絡先」にドラッグ&ドロップする❶。

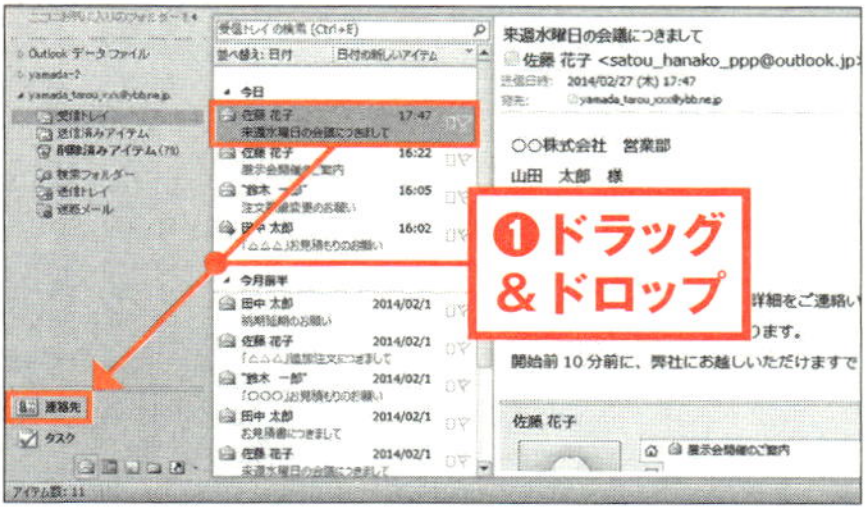

2 氏名、アドレスを確認し❶、必要事項を入力する❷。「保存して閉じる」をクリックして完了だ❸。

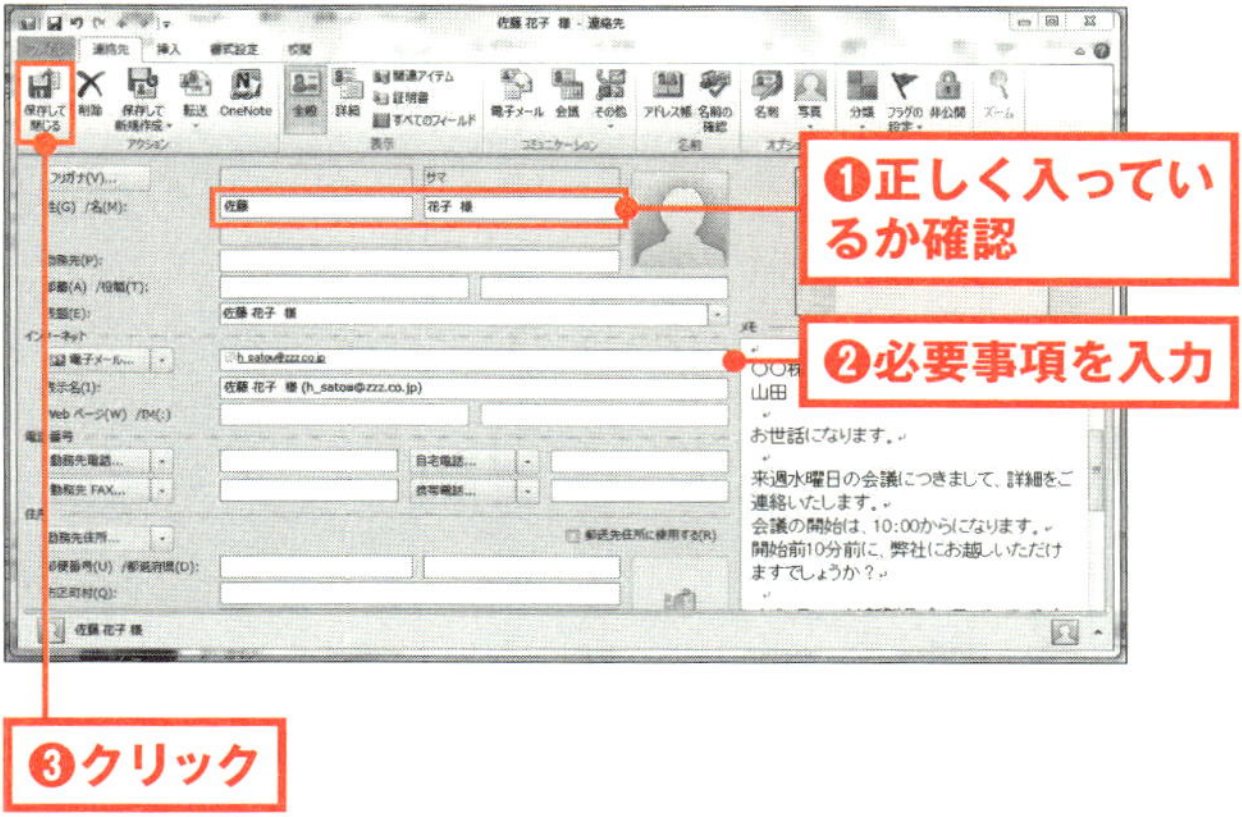

105

指定の間隔で受信できるようにする

受信

仕事に集中していたり、忙しかったりすると、ついメールを受信するのを忘れてしまったりする。それほど重要でない内容ならば、さして問題にはならないが、重要な案件だったり、急ぎの用事だったりした場合は、トラブルにつながることもあるので注意したい。

メールは、1日に何度か、定期的に受信する習慣をつけておきたいが、それよりも、もっと確実な方法がある。メールを定期的に受信するように設定しておけばいいのだ。

例えばOutlook 2010では、初期設定で30分おきに自動受信するように設定されている。この**受信する間隔を、自分の仕事のスタイルに合わせて自由に設定することができる**のだ。

こまめなメールチェックが必要であれば、5分、10分という、短い間隔に設定すればよい。それほど細かくなくていいなら、60分おきなど、少し余裕をもって設定すればよいだろう。

ここがポイント! 設定した間隔で自動的に受信して見逃しを防ぐ

1 Outlookで「送受信」をクリックし❶、「送受信グループ」をクリックし❷、「送受信グループの定義」をクリックする❸。

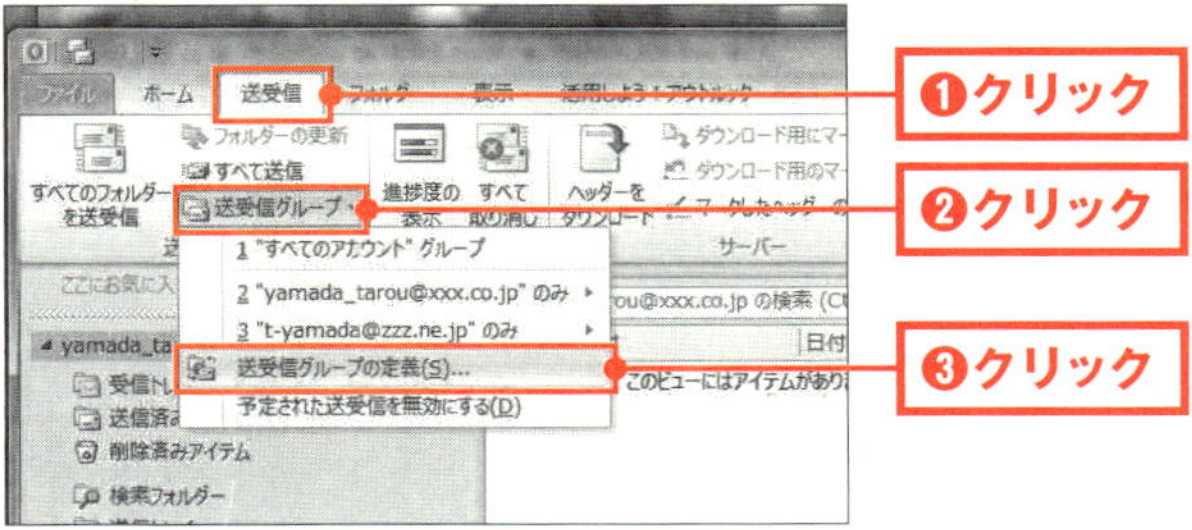

2 「次の時間ごとに自動的に送受信を実行する」にチェックをつけ❶、希望する間隔を設定する❷。

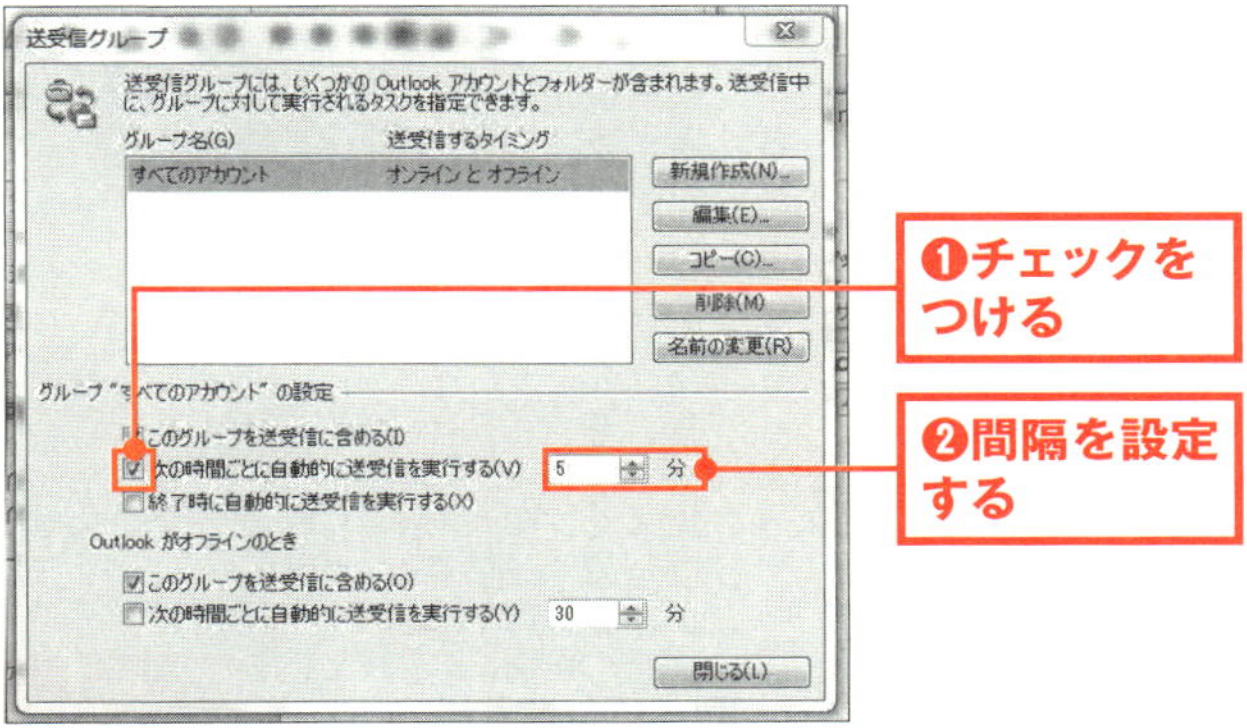

106

フォルダーを作ってメッセージを分類する

分類

メールをたくさん受信して、受信トレイの中がいっぱいになってくると、収拾がつかなくなって、目当てのメールがなかなかみつからなくなってしまう。このような事態に陥らないために、受信したメールは**フォルダーで分類して管理する**ことをおススメする。

Ｏｕｔｌｏｏｋでは「受信トレイ」の中に複数のフォルダーを作り、その中でメールを管理することができる。例えば「株式会社○○○○」「プロジェクト△○×チームメンバー」「○△ユーザー」など、**目的別にフォルダーに名前をつけて**、その中にメールを仕分けして管理する。これで、めあてのメールをすぐに見つけることができるようになる。仕事がはかどる分類を考えてみよう。

さらに上を行きたい人は、メールの振り分けを自動で行うように設定することもできる。ここでは詳しい解説は割愛するが、このような方法があることを頭に入れておくといいだろう。

ここがポイント！ 「受信トレイ」の中にフォルダーを作って管理

1 「フォルダー」をクリックし❶、「受信トレイ」を選択し❷、「新しいフォルダー」をクリックする❸。「新しいフォルダーの作成」ダイアログの「名前」欄に、フォルダー名を入力する❹。「OK」をクリックして閉じる❺。

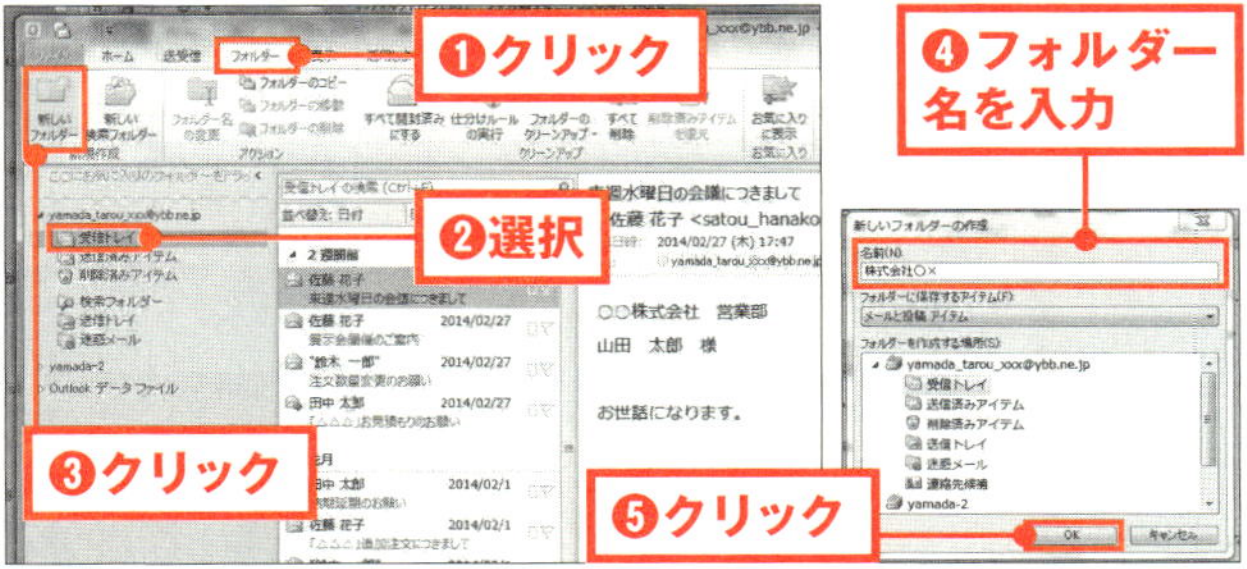

2 作成したフォルダーに、メールをドラッグ&ドロップする❶。

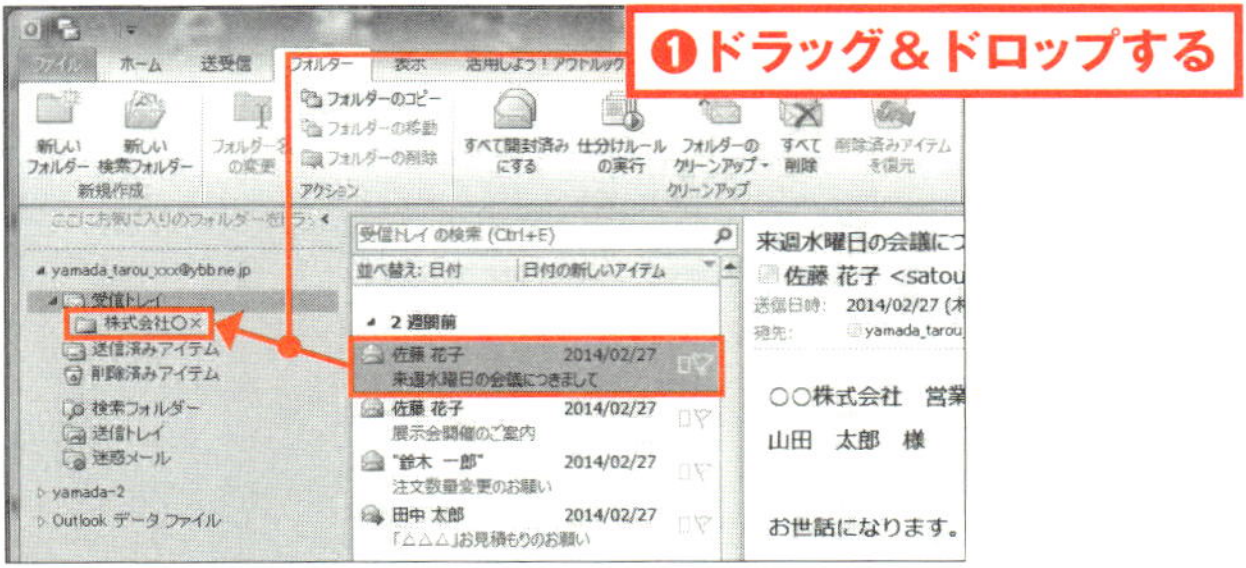

107

削除してしまったメールを復元する

復元

「しまった!」。受信トレイを整理していて、本来、保存しておくべきメールをうっかり削除してしまうことがある。ぼんやりしていると、誰もがやりがちな失敗だ。しかし、慌てることはない。この段階では、削除したメールは簡単に復元することができる。

この段階では、メールは本当に削除されているわけではない。**削除したメールは、いったん「削除済みアイテム」に移動され、そこで保管されている。**万が一のために、アプリケーションの方で、安全策をとってあるのだ。

復元するには、このメールを元の場所にドラッグ&ドロップするだけでよい。削除前と同じように元の場所に表示される。受信メールなら受信トレイに戻せばよい。受信メールに限らず、連絡先、送信済みメールなど、ひと通りのものは、この操作で復元することができる。本当に消したい場合は、左ページの方法で完全に削除する操作を行えばよい。

ここがポイント!

「削除済みアイテム」の中から元の場所に戻すだけ

1 謝って削除したメールを復元する

フォルダーウィンドウの「削除済みアイテム」をクリックし❶、復元したいメールを受信トレイにドラッグ&ドロップする❷。

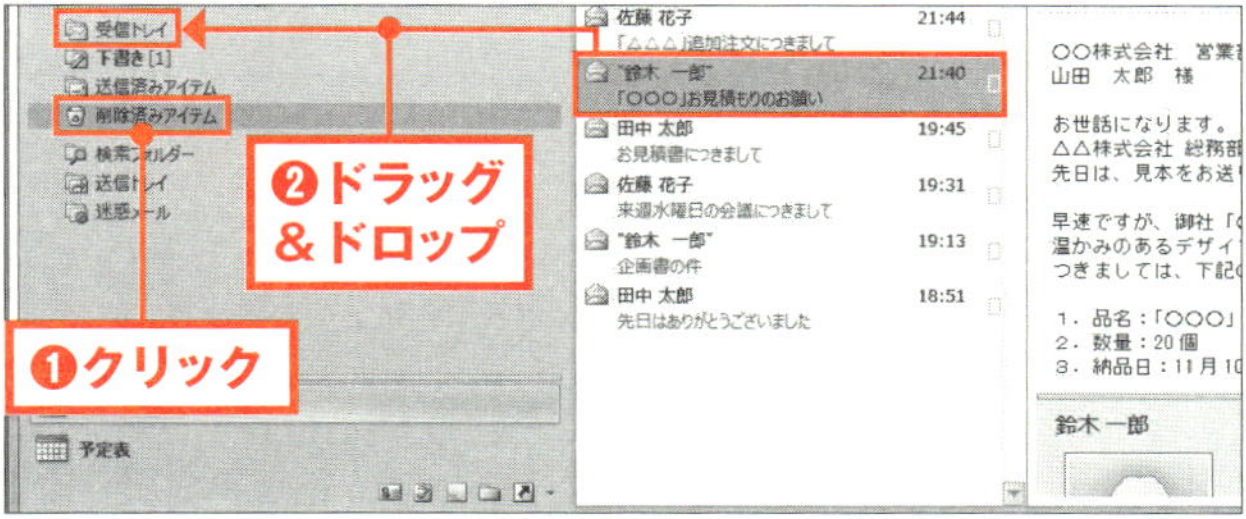

2 完全に削除する場合

メールを完全に削除する場合は、「削除済みアイテム」で削除したいメールを選び❶、「削除」ボタンをクリックする❷。

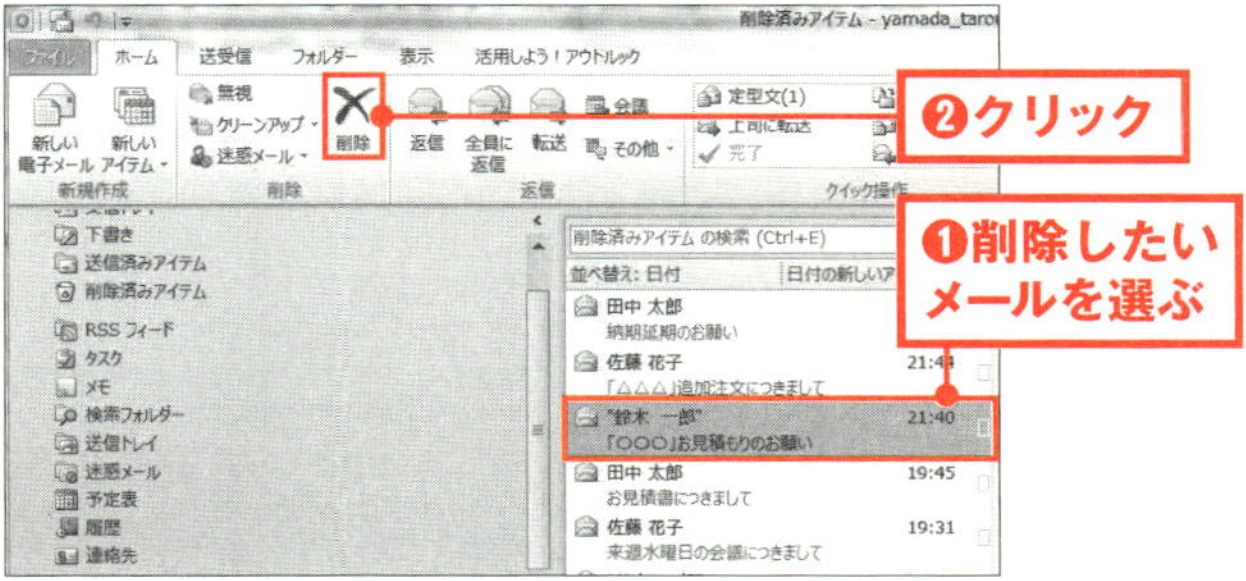

108

ソフトの検索機能を活用して必要なメールを探す

検索

受信トレイがいっぱいになってくると、目的のメールを探すのもひと苦労だ。そんな時に便利なのが「検索機能」だ。使いこなしたい検索機能は2つある。素早くできる「クイック検索」と、細かい条件を設定できる「高度な検索」だ。

クイック検索は、細かい条件を設定せず、対象となる文字列があるかどうかだけで検索する。「とりあえず」的な感じで使うのがよい。例えば、固有のタイトルなど該当するメールが1通だけだったり、該当するものをとりあえず全部検索したりするときなどに有効だ。

それでも見つからない場合は「高度な検索」を使う。こちらは細かい条件設定が可能だ。**「件名」「差出人」などの項目はもちろん、「重要度」「フラグ」、日時や容量の範囲なども指定できる。**「○月○日あたりで、○○さんから、件名に『見積書』という語句があって、1MB以上の添付ファイルがあったな」といった条件で検索ができる。

ここがポイント！ 状況によって「クイック検索」と「高度な検索」を使い分ける

1 クイック検索

探したい場所（ここでは「受信トレイ」）をクリックし❶、「検索ボックス」に文字列を入力する❷。

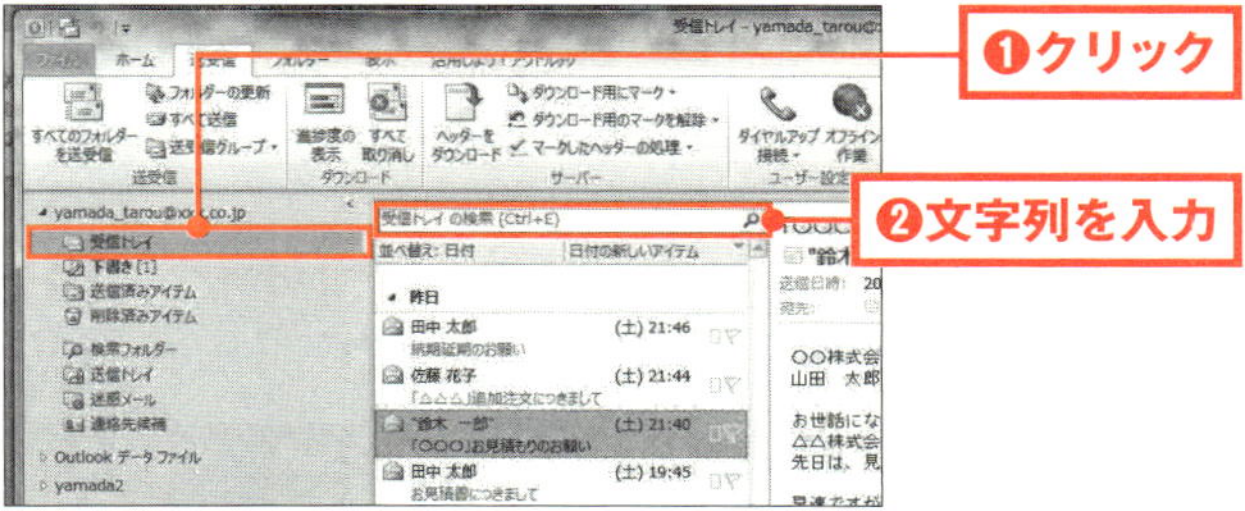

2 高度な検索

「検索ボックス」をクリックし❶、「検索ツール」→「高度な検索」の順にクリックする❷。

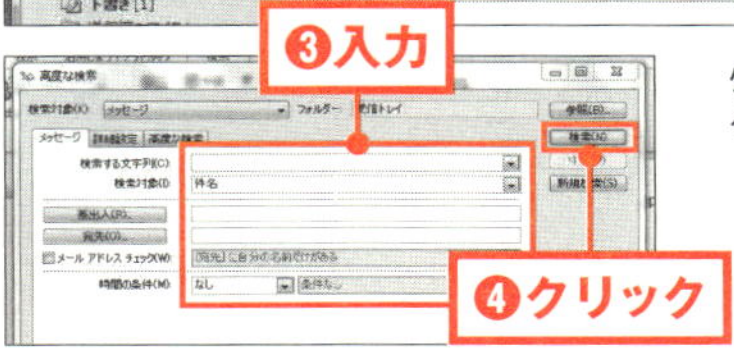

必要事項を入力し❸、「検索」をクリックする❹。

109

タスク機能でＴｏ Ｄｏを管理する

タスク

Ｏｕｔｌｏｏｋは**「タスク」機能と呼ばれる、「Ｔｏ Ｄｏ」（やるべきこと）を管理するための機能を持っている**。一種の備忘録と思ってよいだろう。

案件が重なっているときでも、Ｏｕｔｌｏｏｋのタスクに登録しておけば、何をいつやらなければならないか、懸案の案件はどこまで進捗させたかなどを把握することができる。期限日にアラームで教えてくれる機能もある。メールの内容を、タスクに登録することもできる。

またメールを通じて、**仕事を依頼する側とされる側で、タスクを共有することもできる**。依頼した側の一覧には、依頼したタスクが追加され、受けた側も依頼を承諾すると一覧に追加される。受けた側が進捗状況を更新すると、自動的に依頼した側に進捗状況を報告するメッセージが送信される。ただし、お互いにＯｕｔｌｏｏｋでこの機能を共用できる環境にある必要がある。

ここがポイント！ 「やるべきこと」が一目瞭然 メールで共有も可能に

1 タスク機能を使う

画面左下の「タスク」をクリックする❶。「新しいタスク」をクリックする❷。

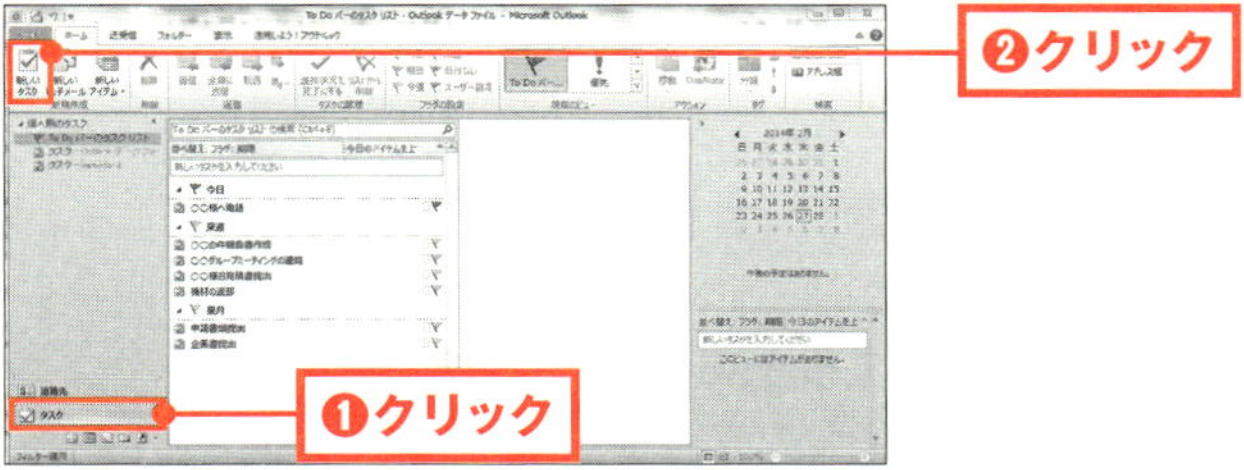

2

タスクのタイトル、開始日、期限など必要事項を入力する❶。アラームを設定し❷、「保存して閉じる」をクリックする❸。

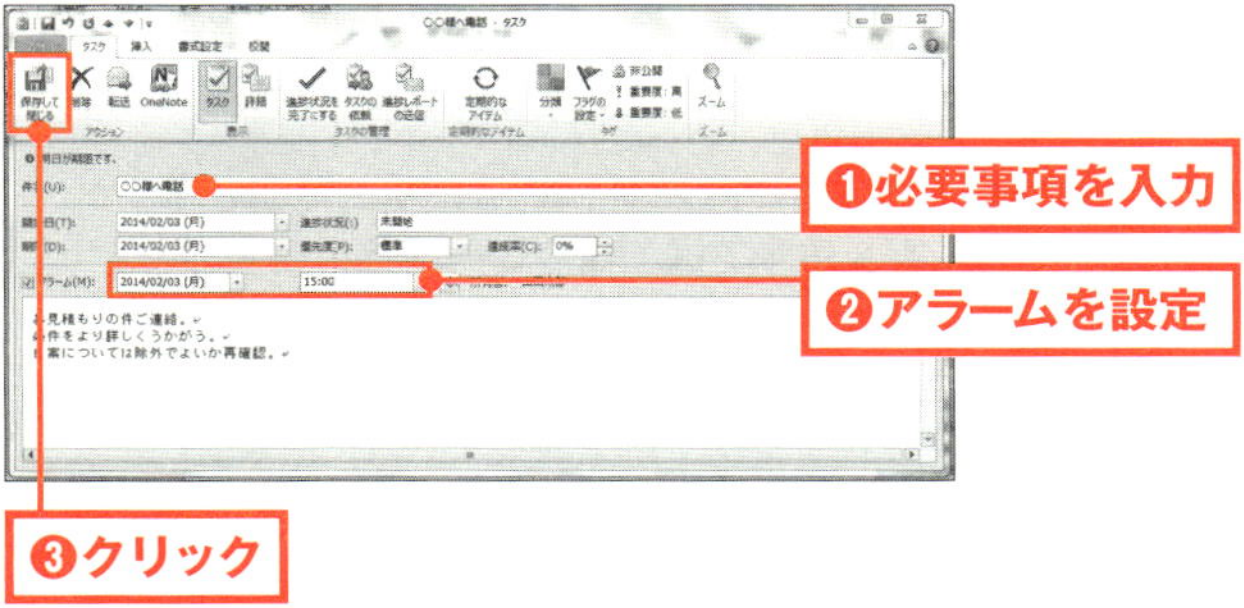

情報流出や悪用など、セキュリティの観点から、添付ファイルで送らないほうがよいもの、メール本文に明記しないほうがよいものを紹介する。

5 著作物

イラストや写真、ロゴデータなど、使用すると著作権侵害とみなされる著作物の送付も、控えたほうがよい。

6 ワードやエクセルの契約書や請求書

ワードやエクセルのファイルは、送り先で書き換えができてしまう。PDFにして送ろう。

7 パスワード

添付ファイルを開くのにパスワードが必要な文書もあるが、そのパスワードをメールで送る場合は誤送信に注意したい。

8 大容量のファイル

添付ファイルの容量が大きすぎると、相手側のサーバによっては、はじかれてしまう。2MBまでを目安にしよう。

付録①
メールで送らないほうがよいもの

1 顧客情報リスト

電話番号、住所、年齢など、個人が特定できるデータの流出は要注意だ。

2 口座番号やクレジット番号

この番号が流出すると、インターネットで支払いをされたり、お金を引き出されたりする危険性がある。

3 社外秘の文書

「社外」秘だからといって、社内の人間宛にメールで社外文書を送るのもやめるべき。誤送信の可能性もある。

4 機密文書

外部からあずかった機密文書を、スキャンしてPDFなどで送るのは厳禁だ。流出して信用問題にもなりかねない。

Outlookのショートカットキーを使えば、作業時間が短縮できる。ここに紹介したのは、簡単なものばかり。覚えて、ぜひ実践してほしい。

5 Ctrl + C 文章をコピーする / Ctrl + X 切り取る

単語やセンテンス、文章を選択したあと、Ctrl+Cを押すと、コピーできる。また、Ctrl+Xは切り取りになる。

6 Ctrl + V コピーまたは切り取った文章を貼り付ける

コピーしたり、切り取ったりした単語やセンテンス、文章を、別の場所に貼り付けることができる。

7 Alt + F4 Outlookを終了する

Outlookが終了する。

8 F1 ヘルプを表示する

Outlookの操作方法を調べたいときは、このファンクションキーを押し、「ヘルプ」を表示させて調べよう。

付録②
ショートカットキーリスト

1 Ctrl ＋ N 新規メッセージを作成する

新しいメッセージの作成画面が表示される。

2 Ctrl ＋ S 上書き保存する

Outlookには、メールを自動保存する機能もあるが、ショートカットキーでの保存と併用するとよい。

3 F7 F8 F9 F10 ひらがなをカタカナや英数字に変換する

ひらがなを入力後、F7で全角カタカナ、F8で半角カタカナ、F9で全角英数、F10で半角英数に変換する。

4 Ctrl ＋ Z 直前の操作を取り消す

直前の操作を取り消してもとに戻すときに使う。操作を失敗してしまったときは、あわてずにこのショートカットを使おう。

付録③
誤送信防止チェックリスト

1 宛先をチェックする

アドレス帳から宛先を選んだら、正しいアドレスかどうかチェックしよう。入力した場合も同様だ。

2 不要なアドレスを削除する

アドレスの選び間違いのリスクを避けるために、使わなくなったアドレスは「連絡先」から削除しておくとよい。

3 メールアドレスをフォルダー分けする

アドレスをフォルダー分けしておくと、選択肢が限られるので、誤って選ぶリスクが減る。

4 ファイルを暗号化する

簡単なのは、あらかじめファイルを暗号化した上でメールに添付する方法だ。66ページ参照。

付録④
誤送信後の対策リスト

1 誤送信先に連絡する

まず行うべきことはこれだ。間違って送った先に連絡し、謝罪するとともに、メールの削除をお願いする。

2 本来送るべき相手に連絡する

場合によっては、誤送信してしまったことを本来送るべき相手に伝え、誠心誠意謝罪し、善後策を相談する。

3 誤送信したアドレスをフォルダー分けする

一度誤送信してしまった相手には、また送ってしまう可能性がある。フォルダー分けをして、未然に防ごう。

4 上司に報告する

上司に報告しておき、善後策を相談する。上司にBCCをつけておくと、誤送信に早めに気がつく可能性がある。

お問い合わせについて

本書に関するご質問については、本書に記載されている内容に関するもののみとさせていただきます。本書の内容と関係のないご質問につきましては、一切お答えできませんので、あらかじめご了承ください。また、電話でのご質問は受け付けておりませんので、必ずFAX か書面にて下記までお送りください。

なお、ご質問の際には、必ず以下の項目を明記していただきますようお願いいたします。

1 お名前
2 返信先の住所または FAX 番号
3 書名（今すぐ使えるかんたん文庫
　ビジネスメール
　気持ちが伝わる！ 例文辞典）
4 本書の該当ページ
5 ご使用の OS とソフトウェアのバージョン
6 ご質問内容

なお、お送りいただいたご質問には、できる限り迅速にお答えできるよう努力いたしておりますが、場合によってはお答えするまでに時間がかかることがあります。また、回答の期日をご指定なさっても、ご希望にお応えできるとは限りません。あらかじめご了承くださいますよう、お願いいたします。

ご質問の際に記載いただきました個人情報は、回答後速やかに破棄させていただきます。

問い合わせ先

〒162-0846
東京都新宿区市谷左内町 21-13
株式会社技術評論社　書籍編集部
「今すぐ使えるかんたん文庫
　ビジネスメール
　気持ちが伝わる！ 例文辞典」質問係
FAX 番号　03-3513-6167

URL：http://book.gihyo.jp

■ お問い合わせの例

FAX

1 お名前
技術　太郎
2 返信先の住所または FAX 番号
03-XXXX-XXXX
3 書名
今すぐ使えるかんたん文庫
ビジネスメール
気持ちが伝わる！ 例文辞典
4 本書の該当ページ
249 ページ
5 ご使用の OS とソフトウェアのバージョン
Windows 8、Outlook 2013
6 ご質問内容
「タスク」のボタンが見つからない

今《いま》すぐ使《つか》えるかんたん文庫《ぶんこ》
ビジネスメール
気持《きも》ちが伝《つた》わる！ 例文《れいぶん》辞典《じてん》

2014 年 5 月 15 日　初版　第 1 刷発行

著　者●ナイスク
監　修●NPO《エヌピーオー》 法人《ほうじん》　日本《にほん》サービスマナー協会《きょうかい》
発行者●片岡　巌
発行所●株式会社　技術評論社
　東京都新宿区市谷左内町 21-13
　電話　03-3513-6150　販売促進部
　　　　03-3513-6160　書籍編集部
編集●ナイスク（松尾里央／石川守延）　伊大知崇之
担当●大和田　洋平
カバーデザイン●菊池　祐（株式会社ライラック）
本文デザイン●株式会社ライラック
DTP●有限会社サン企画
カバーイラスト●加納　徳博
製本／印刷●株式会社加藤文明社

定価はカバーに表示してあります。

ISBN978-4-7741-6409-0 C0155
Printed in Japan